Köstliche Weihnachtsbäckerei

Köstliche Weihnachts- bäckerei

NAUMANN & GÖBEL

KÖSTLICHE WEIHNACHTSBÄCKEREI
© 1987 by Naumann & Göbel
Verlagsgesellschaft, Köln
Redaktion: Monika Koster unter
Mitarbeit von Dr. Karin Hoppe
Überzug: Hermann Bischoff
Seiten 166–198:
Rezepte: Claudia Glünz
Konzeption: Agentur für visuelle
Kreativität, Bielefeld
Fotos: Wolf Kloss
Gesamtherstellung:
Mainpresse Richterdruck, Würzburg
Alle Rechte vorbehalten
Quellenverzeichnis auf der letzten Seite
ISBN 3-625-10906-9

Inhalt

Kapitel I	6
Kuchen, Stollen, Früchtebrote zur Advents- und Weihnachtszeit	
Kapitel II	46
Festliche Torten — ein Schmuckstück für jede Festtagstafel	
Kapitel III	78
Für den bunten Weihnachtsteller: feine Plätzchen und würzige Lebkuchen	
Kapitel IV	124
Kunterbunte Köstlichkeiten — Geschenke aus der Backstube für groß und klein	
Kapitel V	166
Leckere Weihnachtsbäckereien — kalorienleicht und himmlisch süß	
Zeichenvorlagen für die Schablonen	200
Register	206

Honigkuchen nach deutscher Art

Für den Teig:
200 g Margarine
125 g Zucker
1 Päckchen Vanillinzucker
125 g Honig
3 mittelgroße Eier
350 g Mehl
2 TL Backpulver
100 g gewürfeltes Orangeat
100 g gewürfeltes Zitronat

Margarine mit den Schneebesen des elektrischen Handrührgerätes schaumig rühren. Zucker, Vanillinzucker und Honig zufügen. Nacheinander die Eier unterrühren und so lange weiterrühren, bis sich der Zucker gelöst hat. Mehl und Backpulver mischen und zufügen. Nun Orangeat und Zitronat unterrühren. Eine Kastenform (Länge 25 cm) mit Pergamentpapier auskleiden und den Teig hineingeben. Im vorgeheizten Backofen backen. Danach auf ein Kuchengitter stürzen.

Backzeit: etwa 60 Minuten
Elektroherd: 175 Grad
Gasherd: Stufe 2

Honigkuchen international – nach deutscher, englischer und italienischer Art.

Englischer Honigkuchen

Für den Teig:

200 g Margarine
50 g brauner Zucker
100 g Honig
½ TL Salz
3 mittelgroße Eier
2-3 EL Weinbrand
200 g Mehl
1 TL Backpulver
150 g gemahlene Mandeln
100 g Korinthen
300 g Rosinen
60 g kandierte rote und grüne Belegkirschen

Fett schaumig rühren, Zucker, Honig und Salz zufügen, gut verrühren. Dann ein Ei nach dem anderen und den Weinbrand unterrühren. So lange weiterrühren, bis sich der Zucker gelöst hat. Mehl und Backpulver mischen und zufügen, danach die Mandeln zugeben und alles gut verrühren. Zum Schluß die gewaschenen und abgetrockneten Korinthen und Rosinen und die halbierten Kirschen unter den Teig rühren. Eine Kastenform (30 cm Länge) mit Pergamentpapier auslegen und den Teig hineingeben. Im vorgeheizten Backofen backen. Danach den Kuchen auf ein Kuchengitter stürzen.

Backzeit: etwa 60 Minuten
Elektroherd: 175 Grad
Gasherd: Stufe 2

Italienischer Honigkuchen

Für den Teig:

500 g Mehl
1 Päckchen Trockenbackhefe
100 g Zucker
100 g Honig
3 Eier
150 g Margarine
⅛ l lauwarme Milch
100 g Rosinen
75 g gehackte Walnüsse
100 g kandierte Früchte oder
½ Beutel Frutta-Mix
50 g gehackte Haselnüsse
50 g gehackte Mandeln
2 cl (1 Gläschen) Weinbrand
1 TL Vanille-Backaroma
abgeriebene Schale 1 Zitrone, unbehandelt, oder
1 Beutel Citro-back

Zum Bestreichen:
etwa 1 EL Margarine

Mehl und Trockenbackhefe in einer Schüssel mischen. Zucker, Honig, Eier, Margarine und Milch dazugeben und alles zu einem glatten Teig verkneten. Zugedeckt an einem warmen Ort bis zur doppelten Größe gehen lassen. Danach noch einmal durchkneten. Nun die Rosinen und die restlichen Zutaten unterkneten. Eine Kastenform (Länge 30 cm) mit Pergamentpapier auskleiden, den Teig hineingeben und nochmals gehen lassen. Im vorgeheizten Backofen bakken. Dann stürzen und mit flüssigem Fett bestreichen.

Backzeit: etwa 60 Minuten
Elektroherd: 175 Grad
Gasherd: Stufe 2

Pistazienkuchen

Für den Teig:

- 4 Eiweiß
- 250 g Zucker
- 250 g Mehl
- 2 TL Backpulver
- 250 g Speisestärke
- 4 Eigelb
- 250 g Margarine
- 125 g gemahlene Mandeln
- 125 g gemahlene Pistazien
- 2 Dosen Mandarinen (Einwaage à 175 g)

Außerdem:

- Fett für die Form
- 3 EL Aprikosenkonfitüre zum Bestreichen
- 50 g gehackte Pistazien zum Bestreuen

Eiweiß steif schlagen und die Hälfte des Zuckers zufügen. Noch einmal 1 Minute schlagen. Den Eischnee beiseite stellen. Mehl, Backpulver und Speisestärke in einer Schüssel mischen, Eigelb, restlichen Zucker, Fett, gemahlene Mandeln und Pistazien dazugeben. Alle Zutaten mit den Schneebesen des elektrischen Handrührgerätes auf höchster Schaltstufe etwa 2 Minuten gut rühren. Die gut abgetropften Mandarinen auf den Teig geben, Eischnee daraufsetzen und alles vorsichtig unter den Teig ziehen. Den Teig in eine gut gefettete Kastenform (30 cm Länge) füllen und im vorgeheizten Backofen bakken. Den Kuchen 10 Minuten in der Form abkühlen lassen, auf ein Kuchengitter stürzen und mit der glattgerührten Aprikosenkonfitüre bestreichen. Mit Pistazien bestreuen.

Backzeit: 60-70 Minuten
Elektroherd: 175 Grad
Gasherd: Stufe 2-3

Ein saftiger Rührteigkuchen mit Mandarinen, gemahlenen Mandeln und Pistazien.

Gefüllter Mandelstollen

Für den Teig:
1000 g Mehl
1 TL Salz
je 1 Doppelbeutel Orange-back und Citro-back
1 Briefchen Safran
1 TL Kardamom
1 Prise gemahlene Muskatblüte
80 g Hefe
200 g Zucker
gut ¼ l lauwarme Milch
300 g Margarine
200 g gemahlene Mandeln
¼ Fläschchen Bittermandelöl
1 EL Rosenwasser
1 Doppelbeutel Rum-back

Für die Füllung:
200 g Marzipan-Rohmasse

Zum Bestreichen:
150 g flüssige Margarine oder Butter

Für die Glasur:
200 g Puderzucker
4 EL Wasser

Zum Bestreuen:
100 g Mandelsplitter

Das Mehl in eine große Schüssel geben. Salz, Orange- und Citro-back und die Gewürze daruntermischen. In die Mitte eine Vertiefung drücken, die Hefe hineinbröckeln, etwas Zucker und etwas lauwarme Milch daraufgeben und mit etwas Mehl zu einem Vorteig verrühren. Den restlichen Zucker an den Rand der Schüssel streuen und das Fett in Flöckchen daraufsetzen. Den Hefevorteig gehen lassen, bis er sich verdoppelt hat. Danach mit allen übrigen Zutaten vermischen und nach und nach die restliche lauwarme Milch hinzufügen. Alle Zutaten so lange verkneten, bis sich der Teig vom Schüsselrand löst. Den Teig noch einmal etwa 40 Minuten gehen lassen. In der Zwischenzeit die Marzipan-Rohmasse zu einer 25 cm langen Rolle formen. Den gut aufgegangenen Hefeteig nochmals durchkneten, zu einem Oval von 35 cm Länge ausrollen, die Marzipan-Rolle auf eine der Längsseiten des Teiges legen, etwas einrollen und alles zu einem Stollen formen. Den Stollen auf ein mit Backpapier ausgelegtes Backblech legen und nochmals aufgehen lassen. Im vorgeheizten Backofen backen. Noch warm mit dem flüssigen Fett bestreichen. Puderzucker und Wasser zu einer dickflüssigen Glasur verrühren und den Stollen damit bestreichen. Mit Mandeln bestreuen. Den Stollen möglichst vor dem Verzehr eine Woche in Alufolie gewickelt durchziehen lassen.

Backzeit: 55-65 Minuten
Elektroherd: 250 Grad vorheizen/175-200 Grad backen
Gasherd: Stufe 5 vorheizen/Stufe 2-3 backen

Feiner Mandelstollen mit Marzipan-Füllung.

Früchte-Schaumbrot

Für den Teig:

4 Eigelb

2 EL Wasser

100 g Zucker

50 g Haselnußkerne

50 g Walnußhälften

50 g Feigen

50 g entsteinte Datteln

50 g Zitronat

50 g Orangeat

abgeriebene Schale 1 Zitrone und 1 Orange, unbehandelt

50 g Rosinen

Saft 1 Zitrone und 1 Orange

200 g Mehl

1 TL gemahlene Nelken

1 TL Zimt

4 Eiweiß

1 Prise Salz

Außerdem:

Fett und Paniermehl für die Form

Puderzucker zum Bestäuben

Eigelb mit Wasser dickschaumig schlagen und dabei nach und nach den Zucker einrieseln lassen. Haselnüsse, Walnüsse, Feigen, Datteln, Zitronat und Orangeat fein hakken und mit der Zitronen- und Orangenschale auf die Eigelbcreme gleiten lassen. Die Rosinen heiß waschen und in einem Küchentuch trockenreiben, ebenfalls zufügen und alles zusammen mit dem Zitronen- und Orangensaft locker unterheben. Das Mehl darübersieben, Nelken und Zimt zufügen und ebenfalls unterheben. Zum Schluß das Eiweiß mit 1 Prise Salz schnittfest schlagen und unter den Teig ziehen. Den Teig in eine gefettete und mit Paniermehl ausgestreute Kastenform (Länge 30 cm) geben und auf der mittleren Schiene des vorgeheizten Ofens bakken. Das Früchte-Schaumbrot kurz ausdampfen lassen, dann zum Abkühlen auf ein Kuchengitter stürzen. Lauwarm mit Puderzucker erst dünn überstäuben und nach dem Erkalten nochmals üppig damit besieben.

Backzeit: etwa 60 Minuten
Elektroherd: 180 Grad
Gasherd: Stufe 2

Weihnachtlicher Gugelhupf

Für den Teig:

30 g Hefe

knapp ⅛ l lauwarme Milch

250 g Zucker

500 g Mehl

1 Prise Salz

250 g Margarine, z. B. Sanella

4 EL Zitronensaft

abgeriebene Schale 1 Zitrone, unbehandelt

4 Eier

100 g gehackte Mandeln

150 g Rosinen

50 g Belegkirschen

50 g Zitronat oder Orangeat, feingewürfelt

Außerdem:

Margarine für die Form

25 g gehackte Mandeln zum Ausstreuen der Form

Zum Verzieren:

50 g Marzipan-Rohmasse

20 g Puderzucker

100 g Frischkäse

100 g Puderzucker

1 Päckchen Vanillinzucker

1 Eigelb

Die Hefe in die Milch brökkeln, 1 Prise Zucker zufügen und etwa 10 Minuten gehen lassen. Mehl, Zucker, Salz, die zerlassene und wieder abgekühlte Margarine, Zitronensaft und -schale und die Eier in eine Schüssel geben. Die Hefemilch zufügen, alles vermengen und kräftig durchschlagen. Dann Mandeln, Rosinen, Belegkirschen und Zitronat oder Orangeat rasch unterkneten. Eine Gugelhupfform mit Margarine ausfetten und mit gehackten Mandeln ausstreuen. Den Teig einfüllen, nochmals etwa 20 Minuten gehen lassen und im vorgeheizten Ofen backen. Für die Verzierung Marzipan-Rohmasse und Puderzucker verkneten, ausrollen und kleine Plätzchen ausstechen. Frischkäse mit Puderzucker, Vanillinzucker und Eigelb schaumig rühren, in einen Spritzbeutel mit kleiner Sterntülle füllen und den Kuchen damit verzieren. Mit den halbierten Marzipanplätzchen garnieren.

Backzeit: 50-60 Minuten
Elektroherd: 175-200 Grad
Gasherd: Stufe 2-3

*Für die Festtagstafel:
Ein traditioneller Gugelhupf
in weihnachtlicher Aufmachung.*

Panforte di Siena

Für den Teig:
100 g Haselnußkerne
100 g ungeschälte Mandeln
100 g Orangeat
100 g Zitronat
25 g Kakaopulver
50 g Mehl
½ TL Zimt
je 1 Prise Koriander, Muskat, Ingwer und Nelken, gemahlen
100 g Zucker
100 g Honig

Außerdem:
Öl zum Einfetten
½ EL Puderzucker
1 Prise Zimt

Den Backofen auf 190 Grad (Gasherd Stufe 3) vorheizen. Die Haselnüsse auf einem Backblech im Ofen leicht rösten. Etwas abkühlen lassen. In einem Tuch kräftig aneinanderreiben, damit sich die braune Haut löst. Die Mandeln mit kochendem Wasser überbrühen, kurz stehenlassen. Abgießen, kalt abschrecken und häuten. Nüsse und Mandeln grob hacken. Orangeat und Zitronat fein hacken. Alles mit Kakaopulver, Mehl und den Gewürzen vermischen. Zucker und Honig in einem Topf langsam erhitzen, bis sich der Zucker vollständig aufgelöst hat. Die vorbereiteten Zutaten dazugeben und alles gründlich vermengen. Eine Springform (26 cm Durchmesser) mit Pergamentpapier auslegen und gut einfetten. Den Teig hineinfüllen und glattstreichen. Im vorgeheizten Backofen backen. Aus der Form nehmen, das Papier abziehen und den Kuchen auskühlen lassen. Vor dem Servieren mit dem gesiebten Puderzucker-Zimt-Gemisch bestäuben. Es tut dem Panforte gut, wenn er vor dem Anschneiden noch durchziehen kann. Am besten backen Sie ihn schon zwei, drei Wochen vor dem Fest.

Backzeit: etwa 30 Minuten
Elektroherd: 150 Grad
Gasherd: Stufe 1

Panforte di Siena – ein Weihnachtskuchen aus Italien, der's in sich hat.

Schon allein sein Duft ist verführerisch: Zimtkuchen nach alter Art.

Zimtkuchen nach alter Art

Für den Teig:
250 g Mehl
¼ TL Backpulver
65 g Zucker
1 Prise Salz
125 g Margarine, z. B. Sanella

Für den Belag:
3 Eier
⅛ l Schlagsahne
⅛ l Milch
60 g Zucker
1 Prise Salz
200 g gemahlene Mandeln
40 g geriebener Zwieback
50 g gewürfeltes Zitronat
1½ EL Zimt
abgeriebene Schale 1 Zitrone, unbehandelt
½ TL Backpulver

Mehl, Backpulver, Zucker, Salz und die gut gekühlte Margarine zu einem Mürbeteig verarbeiten, ausrollen und den Boden einer Springform (26 cm Durchmesser) damit auslegen. Mit einer Gabel mehrmals einstechen und 10 Minuten im vorgeheizten Backofen backen. In der Zwischenzeit Eier, Sahne und Milch verschlagen, Zucker, Salz, Mandeln, Zwieback, Zitronat, Zimt, Zitronenschalen und Backpulver hinzufügen und alles gut verrühren. Auf den vorgebackenen Mürbeteigboden gießen und in weiteren 45-50 Minuten fertigbacken.

Backzeit: insgesamt etwa 55-60 Minuten
Elektroherd: 175-200 Grad
Gasherd: Stufe 2-3

Weihnachtskuchen und süße Brote – Rezepte aus Großmutters Backstube. Von links nach rechts: Adventskuchen, Schokoladenbrot (oben), Tiroler Kletzenbrot (unten), Gewogenes Wespennest (oben) und Bischofsbrot.

Adventskuchen

Abbildung Seite 16/17

Für den Teig:

3 Eigelb

1 Ei

250 g Zucker

abgeriebene Schale und Saft
1 Zitrone, unbehandelt

200 g Weizenvollkornmehl

3 Eiweiß

Außerdem:

Fett für die Form

Puderzucker zum Bestäuben

Eigelb und das ganze Ei schlagen, bis die Eimasse sehr hell wird, dabei langsam den Zucker einstreuen. So lange weiterschlagen, bis eine weiße, dickliche Creme entstanden ist. Zitronenschale und -saft untermengen, das Mehl zufügen und zuletzt den Eischnee unterheben. Den Teig in eine nur am Boden gefettete Springform füllen und im vorgeheizten Backofen backen. Den abgekühlten Kuchen mit Puderzucker überstäuben. So richtig festlich sieht dieser Kuchen erst durch seine Verzierung aus. Für ein Kerzenmuster wie auf dem Foto gibt es fertige Schablonen zu kaufen, oder Sie schneiden sich selbst eine zurecht. Die Schablone wird vor dem Bestäuben aufgelegt, so daß der Puderzucker nur die leeren Stellen füllt.

Backzeit: 50-60 Minuten
Elektroherd: 160-180 Grad
Gasherd: Stufe 1-2

Tiroler Kletzenbrot

Abbildung Seite 16/17

Zutaten für 4 kleine Wecken

Für die Füllung:

200 g Trockenbirnen

200 g Trockenpflaumen
ohne Stein

100 g Feigen

100 g Datteln

100 g Walnußhälften

150 g Haselnußkerne

100 g Pinienkerne

150 g Mandelkerne

100 g Rosinen

Saft und Schale 1 Zitrone,
unbehandelt

100 g gewürfeltes Zitronat

100 g gewürfeltes Orangeat

je $1/2$ TL Zimt und gemahlene
Nelken

2 EL Kakao

200 g Zucker

100 ml Rum

Für den Teig:

500 g Mehl

40 g (1 Päckchen) frische Hefe
etwas Zucker

150 ml lauwarme Milch

2 EL Honig

100 g zerlassene und
wieder abgekühlte Margarine

$1/2$ TL Salz

2 TL gemahlener Anis

2 Eigelb

Außerdem:

Mehl zum Ausrollen

Fett für das Blech

1 Eigelb und
2 EL Milch zum Bestreichen

einige ganze geschälte Mandeln
zum Verzieren

Am Abend vor dem Backen die Füllung zubereiten: Die etwa 1 Tag lang eingeweichten Birnen völlig weichko-

chen, abgießen und das Kochwasser aufheben. Die Birnen, Pflaumen, Feigen und Datteln in Streifen schneiden, mit den Nußkernen und den übrigen Zutaten verkneten. Ist die Masse bröselig, Birnenkochwasser dazugeben, so daß ein fester Teig entsteht. Diesen über Nacht durchziehen lassen. Anderntags aus den Teigzutaten einen Hefeteig bereiten. Hierfür das Mehl in eine Schüssel geben. In die Mitte eine Vertiefung drücken. Dahinein die frische Hefe bröckeln, etwas Zucker darüberstreuen und mit der Hälfte der lauwarmen Milch und etwas Mehl verrühren. Den Hefevorteig zugedeckt etwa 20-30 Minuten an einem warmen Ort gehen lassen. Dann die restlichen Teigzutaten dazugeben und alles gut vermischen. Den Teig so lange kneten, bis er Blasen wirft. $3/4$ des Teiges mit der Füllung möglichst rasch verkneten und nochmals etwa bis zur doppelten Größe gehen lassen. Dann 4 runde oder längliche Wecken daraus formen. Den restlichen Teig vierteln, auf bemehlter Fläche dünn ausrollen und mit dieser »Haut« jeden Wecken von allen Seiten umhüllen. Auf ein gut gefettetes Blech setzen, nochmals aufgehen lassen. Das Eigelb mit Milch verquirlen und die Brote damit bestreichen, mit Mandeln verzieren und im vorgeheizten Ofen backen.

Backzeit: etwa 60 Minuten
Elektroherd: 200 Grad
Gasherd: Stufe 3

Bischofsbrot

Abbildung Seite 16/17

Für den Teig:

3 Eier

150 g Zucker

50 g Pinienkerne oder Mandelstifte

je 50 g Rosinen, Sultaninen, Korinthen, gewürfeltes Zitronat oder 1 Beutel Frutta-Mix

75 g Schokoladenstücke (Zartbitter) oder 1 Schachtel Schokoladen-Tröpfchen

150 g Mehl

3 Eiweiß

Außerdem:

Fett für die Form

Die Eier mit dem Zucker schaumig rühren, bis eine dickcremige Masse entstanden ist. Pinienkerne oder Mandelstifte, Rosinen, Sultaninen, Korinthen, Zitronat bzw. Frutta-Mix, Schokoladenstücke und das gesiebte Mehl nacheinander unterrühren. Zuletzt das zu steifem Schnee geschlagene Eiweiß unterheben. Den Teig in eine gefettete Kastenform (Länge 20 cm) füllen und im vorgeheizten Backofen backen.

Backzeit: 50 Minuten
Elektroherd: 175 Grad
Gasherd: Stufe 2

Gewogenes Wespennest

Abbildung Seite 16/17

Für den Teig:

100 g Schmalz

40 g Zucker

6 Eigelb

4 EL Schlagsahne

100 ml Milch

400 g Mehl

1 Prise Salz

1 Päckchen Trockenbackhefe

Für die Krokantmasse:

2 EL Margarine

3 EL brauner Zucker

4 EL grob gehackte Mandeln

Außerdem:

Mehl zum Ausrollen

100 g Rosinen

Das Schmalz schaumig rühren, den Zucker dazufügen und nacheinander die Eigelb unterrühren. Danach die Sahne und die Milch beigeben. Das mit Salz und Trockenbackhefe vermischte Mehl kräftig unterschlagen, bzw. mit den Knethaken des elektrischen Handrührgerätes unterkneten. Den Teig zugedeckt an einem warmen Ort etwa 45 Minuten bis zur doppelten Größe gehen lassen. Inzwischen in einer Pfanne Margarine und Zucker zergehen lassen, dann die Mandeln darin goldgelb rösten. Diese Masse noch heiß auf dem Boden einer Springform (26 cm Durchmesser) verteilen. Den Teig mit etwas Mehl zum Rechteck ausrollen, mit Rosinen bestreuen und wieder locker einrollen. Dann in etwa 5 cm lange Stücke schneiden und diese mit der Schnittfläche nach oben in die Springform stellen, dabei zwischen jedem Röllchen etwas Platz frei lassen. Den Kuchen nochmals gehen lassen und im vorgeheizten Backofen backen.

Backzeit: etwa 45 Minuten
Elektroherd: 175 Grad
Gasherd: Stufe 2

Schokoladenbrot

Abbildung Seite 16/17

Für den Teig:

4 Eier

140 g Zucker

150 g geriebene Blockschokolade

40 g gemahlene Mandeln

70 g Mehl

Außerdem:

Fett für die Form

Die Eier mit dem Zucker schaumig schlagen, bis eine dickcremige Masse entstanden ist. Dann die geriebene Schokolade und die gemahlenen Mandeln unterrühren. Zuletzt das Mehl darübersieben und mit dem Schneebesen vorsichtig unter die Masse heben. Den Teig in eine gut gefettete oder mit Backpapier ausgelegte Kastenform (Länge 20 cm) füllen und im vorgeheizten Backofen backen. Dann auf ein Kuchengitter stürzen, das Backpapier abziehen und erkalten lassen.

Backzeit: etwa 50 Minuten
Elektroherd: 175 Grad
Gasherd: Stufe 2

Ein weihnachtlicher Kranzkuchen aus einem würzigen Honig-Rührteig.

Gebackener Honigkranz

Für den Teig:
250 g Honig
150 g Margarine
1 Päckchen Vanillinzucker
2 große Eier
3 EL Aprikosenkonfitüre
2 TL Zimt
½ Messerspitze Nelken
½ Messerspitze Kardamom
2 Tropfen Bittermandelöl
1 Beutel Rum-back
375 g Mehl
20 g Kakao oder 1 Doppelbeutel Back-Kakao
4 TL Backpulver
100 g gehackte Mandeln
125 g Rosinen
Außerdem:
Fett für die Form
Zum Verzieren:
100 g Puderzucker und 1-2 EL Zitronensaft
oder
1 Beutel Kuchenglasur Zitrone
rote Belegkirschen
Zum Bestäuben:
etwas Puderzucker

Honig, Fett und Vanillinzucker in eine Schüssel geben und mit den Schneebesen des elektrischen Handrührgerätes schaumig rühren. Eier nacheinander unterrühren. Konfitüre und Gewürzzutaten zufügen. Mehl, Kakao und Backpulver mischen und unterrühren. Den Teig in eine gefettete Keramik-Kranzform füllen und im vorgeheizten Backofen backen. Den Kuchen aus der Form nehmen und erkalten lassen. Für die Verzierung Puderzucker und Zitronensaft verrühren oder Kuchenglasur im Wasserbad auflösen. Die Konturen des Kranzes mit der Glasur nachziehen. Mit roten Belegkirschen verzieren und ganz leicht mit Puderzucker bestäuben.

Backzeit: etwa 50 Minuten
Elektroherd: 175-200 Grad
Gasherd: Stufe 2-3

Kaiserbrot

Für den Teig:
4 Eier
160 g Zucker
1 Fläschchen Bittermandelöl
100 g geschälte, gemahlene Mandeln
140 g Mehl

Eier mit Zucker und Bittermandelöl sehr schaumig schlagen. Die Mandeln mit dem Mehl vermischen und unterziehen. Den Teig in eine mit Pergament- oder Backpapier ausgelegte 30 cm lange Kastenform füllen und hellbraun backen.

Backzeit: etwa 60 Minuten
Elektroherd: 175 Grad
Gasherd: Stufe 2

TIP Backzutaten, wie Butter, Margarine, Eier und Milch, rechtzeitig aus dem Kühlschrank nehmen, damit sie Zimmertemperatur angenommen haben, wenn Sie mit der Teigzubereitung beginnen, der Teig könnte sonst gerinnen.

Altbayerisches Adventsbrot

Für den Teig:
1000 g Brotteig vom Bäcker (für Mischbrot, mit Sauerteig)

Für die Füllung:
500 g Trockenfrüchte (zu gleichen Teilen Äpfel, Birnen, Pflaumen, Aprikosen, Feigen, Rosinen und entsteint gewogene Datteln)

je 25 g Orangeat und Zitronat

50 g gemahlene Haselnüsse

150 g Farinzucker

60 ml Rum

1 TL gemahlener Zimt

1 TL gemahlene Nelken

Außerdem:
Mehl zum Ausrollen und Bestäuben

Fett für das Blech

1 Eigelb zum Bestreichen

50 g abgezogene Mandeln zum Verzieren

Altbayerisches Adventsbrot.

Den Teig bedeckt kühl stellen. Die Trockenfrüchte mit Ausnahme der Datteln 5 Minuten in kochendem Wasser blanchieren, dann herausnehmen, abtropfen lassen und trockentupfen. Sämtliche Früchte, also auch die Datteln, in möglichst gleiche, knapp 1 cm große Stückchen schneiden oder sie auf ein Brett geben und mit einem sehr scharfen Messer hacken. Danach in eine große Schüssel geben. Orangeat und Zitronat fein würfeln und zusammen mit den Haselnüssen, dem Farinzucker, dem Rum und den Gewürzen zufügen. Alles sehr gut verkneten, bis die Masse fest und gut formbar, jedoch nicht mehr naß ist. Den Brotteig durchkneten und auf der leicht bemehlten Arbeitsfläche etwa 1 cm dick rechteckig ausrollen. Die Früchtemischung zu einem Laib formen und in die Mitte der Teigplatte legen. Mit bemehlten Händen andrücken. Die vordere Kante des Brotteigs über die Füllung schlagen, leicht mit Wasser anfeuchten und das hintere Stück darüberklappen. Gut andrücken, dann die beiden seitlichen Teile ebenfalls anfeuchten und andrücken. Das Früchtebrot mit der Naht nach unten auf ein gefettetes und hauchdünn mit Mehl bestäubtes Backblech legen und mit verquirltem Eigelb

bestreichen. Die Mandeln im hübschen Muster auf die Oberfläche legen und leicht andrücken. Das Brot im vorgeheizten Backofen backen, danach mindestens 24 Stunden auskühlen lassen.

Backzeit: etwa 2 Stunden
Elektroherd: 180 Grad
Gasherd: Stufe 2

Rheinischer Gewürzkuchen

Für den Teig:
150 g Margarine

je 1 TL Zimt, Piment und Kardamom

1 Prise Muskatnuß und -blüte

1 Sternanis

150 g brauner Zucker

3 Eier

150 g Mehl

50 g Speisestärke

2 TL Backpulver

100 g grob gehackte Haselnüsse oder Walnüsse

100 g geriebene Zartbitterschokolade

1 EL Arrak oder Rum

je 30 g feingehacktes Zitronat und Orangeat

Außerdem:
Fett und Paniermehl für die Form

einige Sternanis sowie ganz grober brauner Zucker zum Bestreuen

Die Margarine schmelzen, Gewürze einrühren, leicht erhitzen, bis sie zu duften beginnen, abkühlen lassen. Zucker und Eier mit den Schneebesen des elektrischen Handrührgerätes darunterschlagen. Mehl mit Speisestärke und Backpulver vermischen und unterrühren. Die restlichen Zutaten daruntermischen und den Teig in eine etwa 25 cm lange, gefettete und mit Paniermehl ausgestreute Kastenform füllen. Auf der unteren Schiene backen. Nach 2/3 der Garzeit die Oberfläche mit Sternanis und mit dem groben Zucker bestreuen. Nach Ende der Backzeit den Kuchen noch in der Form abkühlen lassen, erst dann stürzen. Vor dem Anschnitt sollte der Kuchen, in Folie verpackt, 2 Tage ruhen.

Backzeit: 50-60 Minuten
Elektroherd: 180-200 Grad
Gasherd: Stufe 2-3

Ein Hefeteigkuchen aus Italien mit Rosinen, Zitronat und Orangeat.

Panettone

Für den Teig:

50 g Hefe
¼ l Milch
150 g Zucker
650 g Mehl
200 g Margarine, z. B. Sanella
1 Ei
4 Eigelb
1 TL Salz
abgeriebene Zitronenschale, unbehandelt
50 g gehackte Mandeln
100 g gewürfeltes Zitronat
100 g gewürfeltes Orangeat
150 g Rosinen

Außerdem:

Margarine zum Ausfetten
Eigelb zum Bestreichen

Hefe in die lauwarme Milch bröckeln, 1 Prise Zucker zufügen und 10 Minuten gehen lassen. Mehl, Zucker, geschmolzene und wieder abgekühlte Margarine, das Ei, Eigelb, Salz, Zitronenschale und die Hefemilch in eine Schüssel geben und mit den Knethaken des elektrischen Handrührgerätes gut durchkneten. Mandeln, Zitronat, Orangeat und Rosinen mischen und rasch unterkneten. Den Teig zugedeckt bis zur doppelten Größe aufgehen lassen. Inzwischen einen mindestens 12 cm hohen Kochtopf (Durchmesser 15 cm) ausfetten und mit Backpapier auslegen. Den Teig noch einmal durchkneten, in den Topf legen und nochmals 20 Minuten aufgehen lassen. Dann mit Eigelb bestreichen und über Kreuz einschneiden. Im vorgeheizten Ofen backen.

Backzeit: etwa 90 Minuten
Elektroherd: 175 Grad
Gasherd: Stufe 2

TIP Nüsse, Mandeln, Zitronat, Orangeat, Rosinen und andere Trockenfrüchte immer möglichst schnell unter den Hefeteig kneten, damit dieser nicht grau wird.

Haselnußrolle

Für den Teig:
30 g Hefe
¼ l lauwarme Milch
1 TL Zucker
450 g Mehl
80 g Zucker
1 TL Salz
2 Eier
80 g Margarine
1 Päckchen Vanillinzucker
abgeriebene Schale 1 Zitrone, unbehandelt, oder 1 Beutel Citro-back

Für die Füllung:
250 g gemahlene Haselnüsse
100 g Rosinen
50 g gewürfeltes Zitronat
abgeriebene Schale 1 Zitrone, unbehandelt, oder 1 Beutel Citro-back
8 EL Kräuterlikör
1 Messerspitze Zimt
30 g Paniermehl
knapp ¼ l Milch

Außerdem:
Mehl zum Ausrollen
Fett für das Blech
Puderzucker zum Bestäuben

Die Hefe in die lauwarme Milch bröckeln, Zucker zufügen und etwa 10 Minuten an einem warmen Ort gehen lassen. Nun Mehl, Zucker, Salz, Eier, zerlassene und wieder abgekühlte Margarine, Vanillinzucker und Zitronenschale oder Citro-back in eine Schüssel geben und die Hefemilch daraufgeben. Alles mit den Knethaken des elektrischen Handrührgerätes kräftig durchschlagen und den Teig nochmals bis zur doppelten Größe gehen lassen. Inzwischen für die Füllung die Haselnüsse, Rosinen, Zitronat, Zitronenschale oder Citro-back, Kräuterlikör, Zimt, Paniermehl und Milch vermischen. Den Hefeteig auf der bemehlten Arbeitsfläche zu einem Rechteck ausrollen, mit der Füllung bestreichen und dann vorsichtig von der langen Seite her aufrollen. Die Rolle auf ein gefettetes Backblech legen und im Backofen auf mittlerer Schiene backen. Nach dem Backen mit Puderzucker bestäuben.

Backzeit: etwa 50 Minuten
Elektroherd: 200 Grad
Gasherd: Stufe 3-4

Die würzige Füllung der Haselnußrolle wird abgeschmeckt mit Kräuterlikör.

Apfel-Makronen-Torte.

Apfel-Makronen-Torte

Für den Teig:

200 g Mehl
60 g Zucker
1 Prise Salz
1 Eigelb
100 g Margarine

Für den Belag:

1500 g Äpfel
⅛ l Wein
50 g Rosinen
100 g Zucker

Außerdem:

2 Obstkuchenoblaten

Für die Makronenmasse:

250 g Marzipan-Rohmasse
2 Eigelb
1 Ei
50 g Zucker

Zum Bestreichen:

1 Eigelb

Alle Teigzutaten mit den Knethaken des elektrischen Handrührgerätes zu einem glatten Mürbeteig verkneten. 30 Minuten kalt stellen. Danach den Teig in eine Springform (26 cm Durchmesser) geben, dabei einen Rand von 1 cm Höhe formen. Den Boden mit der Gabel mehrmals einstechen. Den Mürbeteigboden im vorgeheizten Backofen 10-15 Minuten backen (Elektroherd 200 Grad/Gasherd Stufe 3). In der Zwischenzeit die Äpfel schälen, in Spalten schneiden und Kerngehäuse entfernen. Mit Wein, Rosinen und Zucker so lange kochen, bis sie weich sind und die Flüssigkeit verkocht ist. Dann den Mürbeteigboden mit Oblaten belegen, die erkalteten Äpfel darauf verteilen. Für die Makronenmasse die Marzipan-Rohmasse, das Eigelb, das ganze Ei und den Zucker gut verrühren und in einen Spritzbeutel mit glatter Tülle füllen. Auf die Torte einen Rand und ein Gitter spritzen. Mit Eigelb bestreichen. Den Kuchen im Backofen noch etwa 10 Minuten bräunen (Elektroherd 220 Grad/Gasherd Stufe 4).

Backzeit: etwa 20 Minuten
Elektroherd: 200 Grad/220 Grad
Gasherd: Stufe 3/Stufe 4

TIP Mürbeteig vor dem Ausrollen oder Formen immer mindestens 30 Minuten im Kühlschrank ruhen lassen. Den in der Form oder auf dem Blech ausgelegten Teig mehrmals mit einer Gabel einstechen, damit sich beim Backen keine Blasen bilden.

Der Quarkstollen schmeckt nicht nur zur Weihnachtszeit.

Quarkstollen

Für den Teig:
150 g Margarine, z. B. Sanella
200 g Zucker
1 Prise Salz
2 Eier
abgeriebene Zitronenschale, unbehandelt
250 g Magerquark
500 g Mehl
1 Päckchen Backpulver
2 EL Rum
125 g Rosinen

Außerdem:
Margarine zum Ausfetten und Bestreichen
Zucker zum Bestreuen

Margarine, Zucker, Salz, und Eier schaumig rühren. Zitronenschale und Quark unterrühren. Mehl und Backpulver mischen, einen Teil unterrühren, den Rum zufügen, den Rest Mehl unterkneten. Zuletzt die Rosinen unterkneten. Den Teig zu einem Stollen formen, auf ein gefettetes Backblech legen, obenauf der Länge nach mit einem Messer einschneiden. Im vorgeheizten Ofen backen. Den fertigen Stollen mit zerlassener Margarine bepinseln und mit Zucker bestreuen.

Backzeit: etwa 60 Minuten
Elektroherd: 175-200 Grad
Gasherd: Stufe 2-3

Schokoladenkuchen mit Mokkacreme

Für den Teig:
1 Packung Backmischung Mandelkuchen
50 g Kakao
2 EL Weinbrand
Fett für die Form

Für die Mokkacreme:
¼ l Milch
3 EL Instant-Kaffee
2 Eigelb
30 g Speisestärke
100 g Margarine oder Butter
150 g Zucker

Außerdem:
600 g Kuvertüre und
4 EL Weinbrand oder Orangensaft für die Glasur
125 g kandierte Orangenscheiben zum Verzieren

Die Backmischung nach Packungsanweisung zubereiten und Kakao und Weinbrand unterrühren. Den Teig in eine gefettete Kastenform (30 cm Länge) füllen und im vorgeheizten Backofen backen. Für die Creme Milch aufkochen. Instant-Kaffee, Eigelb, Speisestärke und etwas Wasser verrühren, in die heiße Milch geben und unter Rühren aufkochen lassen. Etwas abkühlen lassen. Fett und Zucker schaumig rühren und mit der abgekühlten Creme verrühren. Den Kuchen zweimal längs durchschneiden und 2 Platten mit Mokkacreme bestreichen. Dann den Kuchen wieder zusammensetzen. Kalt stellen. Kuvertüre im Wasserbad auflösen, Weinbrand oder Orangensaft unterrühren. Den Kuchen in Dreiecke schneiden, mit der Schokolade überziehen und mit kandierten Orangenscheiben verzieren.

Backzeit: 50-60 Minuten
Elektroherd: 175 Grad
Gasherd: Stufe 2

Schokoladenkuchen, gefüllt mit Mokkacreme und dick mit Schokolade überzogen.

Ein Vollkornkuchen mit einem Belag aus Nüssen, Eiern und Honig.

Honig-Nußkuchen

Für den Teig:
150 g Weizenvollkornmehl (Type 1700)
2 EL Honig
100 g Margarine
1 Prise Meersalz
1 Eigelb

Für den Belag:
200 g gemahlene Haselnüsse
2 Eier
2 EL Honig
50 g gehackte Walnüsse
50 g Haselnußkerne
50 g Walnußhälften

Zum Bestreichen:
2-3 EL Honig

Alle Teigzutaten mit den Knethaken des elektrischen Handrührgerätes zu einem glatten Teig verkneten, 30 Minuten kalt stellen. ⅔ der Teigmenge auf dem Boden einer Springform (26 cm Durchmesser) dünn ausrollen und aus dem Rest einen 3 cm hohen Rand formen. Für den Belag die gemahlenen Nüsse, die Eier und den Honig vermischen und in die Form geben. Den Kuchen mit gehackten Walnüssen bestreuen. Den Rand mit Haselnußkernen und Walnußhälften umlegen. Im vorgeheizten Backofen backen. Nach Ende der Backzeit den Kuchen aus der Form lösen, abkühlen lassen und mit leicht erwärmtem Honig bestreichen.

Backzeit: 20-30 Minuten
Elektroherd: 200 Grad
Gasherd: Stufe 3

Dresdner Stollen

Für den Teig:

1000 g Mehl
2 Würfel frische Hefe oder 2 Päckchen Trockenbackhefe
200 g Zucker
¼ l Milch
400 g Margarine
1 TL Salz
abgeriebene Schale 1 Zitrone, unbehandelt, oder 1 Beutel Citro-back
½ TL gemahlene Macisblüte
½ TL Kardamom
300 g Rosinen
75 g Korinthen
100 g gewürfeltes Zitronat
75 g gewürfeltes Orangeat
75 g gehackte Mandeln
Bittermandel-Aroma

Außerdem:

Mehl zum Bestäuben
Margarine oder Butter zum Einfetten und Bestreichen
Puderzucker zum Bestäuben

Für den Teig das Mehl in eine Schüssel geben. In die Mitte eine Vertiefung drücken. Dahinein die frische Hefe bröckeln. Etwas Zucker darüberstreuen und mit der Hälfte der lauwarmen Milch und etwas Mehl verrühren. Die Schüssel mit einem sauberen Küchentuch bedecken. Den Vorteig an einem warmen Ort bis zur doppelten Größe gehen lassen. Dann den restlichen Zucker, die restliche lauwarme Milch, das zerlassene und wieder abgekühlte Fett, das Salz, die Zitronenschale oder Citro-back und die Gewürze dazugeben. Alles gut vermischen und dann von Hand so lange kneten und schlagen oder mit den

Knethaken des elektrischen Handrührgerätes kneten, bis der Teig Blasen wirft. (Wenn Sie Trockenbackhefe verwenden, den Teig mit den angegebenen Zutaten nach Anweisung auf dem Beutel zubereiten.) Rosinen, Korinthen, Zitronat, Orangeat und Mandeln unter den Teig kneten. Noch einmal 30-40 Minuten gehen lassen. Den Teig auf die bemehlte Arbeitsfläche geben und mit der Teigrolle zu einem dicken Oval flachdrücken. Den Teig der Länge nach zusammenklappen, so daß ein Stollen entsteht; das untere Teigstück soll dabei etwas vorstehen. Den Stollen auf ein gefettetes Backblech legen, nochmals aufgehen lassen und im vorgeheizten Backofen backen. Noch warm mit zerlassener Margarine oder Butter bepinseln und dick mit Puderzucker bestäuben. Sie können den Teig auch in Stollenformen backen. Die Teigmenge reicht dann für eine große und eine kleine Form. Wichtig: Die Backzeit verlängert sich in der Form um etwa 15 Minuten! Nach drei bis vier Wochen ist der Stollen durchgezogen und schmeckt erst richtig gut.

Backzeit: 70-90 Minuten
Elektroherd: 200 Grad
Gasherd: Stufe 2-3

Der klassische Dresdner Stollen mit gehackten Mandeln, Rosinen, Korinthen, Zitronat und Orangeat.

Vollkornstollen

Für den Teig:
250 g Sultaninen
50 g Korinthen
50 g gewürfeltes Zitronat
50 g gewürfeltes Orangeat
3 EL Rum oder 3 Beutel Rum-back
500 g Weizen-Vollkornmehl, Type 1700
250 g Weizenmehl, Type 1050
2 Päckchen Trockenbackhefe
½ TL Salz
knapp 3/8 l lauwarme Milch
70 g Honig
1 TL Zimt
1 TL Citro-back
120 g Margarine
80 g gehackte Mandeln
40 g gehackte Haselnüsse
Außerdem:
Fett für die Form
Puderzucker zum Bestäuben

Sultaninen, Korinthen, Zitronat, Orangeat und Rum mischen. Etwa 30 Minuten zugedeckt stehenlassen. Mehl und Trockenbackhefe mischen. Restliche Teigzutaten zufügen. Alles kräftig mit den Knethaken des elektrischen Handrührgerätes oder mit der Küchenmaschine durchkneten, das Sultaninen-Gemisch unterkneten. An einem warmen Ort zugedeckt bis zur doppelten Größe gehen lassen. Dann nochmals durchkneten und in eine große gefettete Kastenform geben. Im vorgeheizten Backofen backen. Mit Puderzucker bestäuben.

Backzeit: 60-70 Minuten
Elektroherd: 200 Grad
Gasherd: Stufe 3

Birnbrot

Kurfruchtkuchen mit Trockenfrüchten und Walnüssen.

Zutaten für 4 Brote
Für die Füllung:
500 g getrocknete Birnen
⅛ l Rotwein
½ EL Margarine
¾ l Wasser
250 g getrocknete Pflaumen ohne Stein
250 g Feigen
100 g geschälte Mandeln
100 g Haselnußkerne
100 g Walnußhälften
100 g gewürfeltes Orangeat
100 g gewürfeltes Zitronat
250 g Rosinen
250 g Korinthen
abgeriebene Schale 1 Zitrone und 1 Orange, unbehandelt, oder je 1 Beutel Citro-back und Orange-back
je 1 TL Zimt, Nelken und Kardamom, gemahlen
1 Gläschen (2 cl) Kirschwasser
Mark 1 Vanilleschote
Für den Teig:
500 g Mehl
1 Päckchen Trockenbackhefe
50 g Zucker
50 g Margarine
etwa ¼ l Milch
Außerdem:
Mehl zum Ausrollen
Öl zum Einfetten
Milch zum Bestreichen

Die getrockneten Birnen mit dem Rotwein und der Margarine in einen Topf geben. Mit dem Wasser aufgießen. Zugedeckt bei mittlerer Hitze in etwa 30 bis 45 Minuten weichkochen. Die Birnen in ein Sieb gießen und abtropfen lassen. Das Kochwasser auffangen und in den Topf zurückgießen. Die Pflaumen darin in 30 Minuten weich-

Kurfruchtkuchen

Für den Teig:
125 g Trockenpflaumen ohne Stein
125 g Trockenaprikosen
100 g Walnußhälften
300 g Margarine, z. B. Sanella
300 g Zucker
1 Prise Salz
abgeriebene Zitronenschale, unbehandelt
6 Eier
1 EL Vanille-Extrakt
350 g Mehl
2 TL Backpulver
Außerdem:
Margarine für die Form
Puderzucker zum Bestäuben

Pflaumen und Aprikosen in grobe Würfel schneiden, Walnüsse grob hacken. Aus Margarine, Zucker, Salz, Zitronenschale, Eiern, Vanille-Extrakt, Mehl und Backpulver einen Rührteig bereiten. Die in etwas zurückgelassenem Mehl gewendeten Früchte unterheben. Eine große Napfkuchenform einfetten, den Teig hineinfüllen und im vorgeheizten Ofen backen. Abgekühlt mit Puderzucker bestäuben.

Backzeit: 60-70 Minuten
Elektroherd: 175 Grad
Gasherd: Stufe 2

32

Das Birnbrot schmeckt wie alle Früchtebrote gut durchgezogen am besten.

kochen. Abtropfen lassen. Birnen, Pflaumen und Feigen in kleine Stücke schneiden. Mandeln und Nüsse grob hacken. Obst, Mandeln und Nüsse in eine große Schüssel geben und mit allen anderen Zutaten für die Füllung vermischen. Die Masse möglichst über Nacht, wenigstens aber 2 bis 3 Stunden zugedeckt stehenlassen. Für den Hefeteig das Mehl mit der Trockenbackhefe in einer Schüssel gut vermischen. Alle anderen Teigzutaten dazugeben und zu einem geschmeidigen Teig verarbeiten. Den Hefeteig so lange kneten und schlagen, bis er Blasen wirft und nicht mehr an der Schüssel klebt. Den Hefeteig in zwei Hälften teilen. Unter die eine Hälfte die Fruchtmischung kneten. Aus diesem Teig vier längliche Brotlaibe formen. Den restlichen Hefeteig in vier gleich große Stücke teilen. Auf einer bemehlten Arbeitsfläche jeweils so groß ausrollen, daß man die Brote damit einhüllen kann. Ein Backblech mit Öl einfetten. Die Brote mit dem Teig umhüllen und auf das Blech setzen. Mit einer Gabel Muster in den Teig stechen. Die Birnbrote mit einem Tuch abdecken. An einem warmen Ort mindestens 3-4 Stunden (oder über Nacht, weil der Teig sehr schwer ist) gehen lassen. Den Backofen vorheizen. Die Brote in die Ofenmitte schieben und backen. Noch heiß mit Milch bestreichen. Die abgekühlten Birnbrote in Alufolie oder Cellophan wickeln. Vor dem Anschneiden etwa eine Woche liegenlassen.

Backzeit: 75-90 Minuten
Elektroherd: 175 Grad
Gasherd: Stufe 2

Früchtebrot

Zutaten für 2 Laibe
Für die Füllung:
250 g getrocknete Pflaumen ohne Stein
250 g getrocknete Aprikosen
250 g getrocknete Birnen
200 g entsteinte Datteln
100 g Walnußhälften
100 g Haselnußkerne
50 g Zitronat
50 g Orangeat
100 g Rosinen
100 g Zucker
1 TL gemahlener Zimt
1 Prise Anis
1 Prise Nelkenpulver
1 Prise Salz
6 EL Rum oder Kirschwasser
Für den Teig:
1 Packung helle Brotmischung
Außerdem:
Mehl zum Ausrollen
Wasser zum Bestreichen
Fett für das Blech

Pflaumen, Aprikosen, Birnen und Datteln in einer Schüssel mit reichlich lauwarmem Wasser bedeckt über Nacht einweichen. Am nächsten Tag das Wasser abgießen, die Früchte in einem Sieb gut abtropfen lassen und in kleine Würfel schneiden. In eine große Schüssel füllen. Walnüsse, Haselnüsse, Zitronat und Orangeat grob hacken. Zusammen mit den Rosinen, dem Zucker, den Gewürzen und dem Rum oder Kirschwasser zu den Früchten geben. Alles miteinander gut vermischen und ungefähr 1 Stunde durchziehen lassen. Den Brotteig nach Vorschrift auf der Packung zubereiten. Unter die eine Hälfte des Tei-

ges die Früchte kneten, die andere Hälfte auf einer bemehlten Arbeitsfläche dünn zu zwei gleich großen Rechtecken ausrollen. Aus der Früchtemasse zwei längliche Laibe formen und mit nassen Händen glattstreichen. Je einen Laib auf die Teigplatten legen. Die Teigränder mit Wasser bepinseln, den Teig über die Früchtefüllung schlagen, gut andrücken und die Brote mit der Naht nach unten auf ein gefettetes Backblech legen. Mit einem Tuch abdecken und 1-2 Stunden gehen lassen. Die Brotoberfläche mit lauwarmem Wasser bepinseln. Im vorgeheizten Backofen backen.

Backzeit: 70-80 Minuten
Elektroherd: 180-200 Grad
Gasherd: Stufe 2-3

Üppig mit Butter bestrichen, schmeckt das Früchtebrot am besten. Vor dem Anschnitt sollte es jedoch einige Tage durchgezogen sein.

Rheinischer Christstollen

Aus diesen Zutaten kann man drei große Stollen backen. Wird nicht so viel gewünscht, die Menge halbieren oder dritteln.

Für den Teig:
200 g Mandeln
500 g Rosinen
250 g Korinthen
je 100 g gewürfeltes Orangeat und Zitronat
abgeriebene Schale von 2 Zitronen, unbehandelt
1 TL Salz
1 TL Zimt
1 Messerspitze Kardamom
Mark aus 3 Vanilleschoten
1 Prise Muskat
1/8 l Kirschwasser (oder Rum)
100 g Hefe
1/2 l Milch
250 g Zucker
1500 g Mehl
je 250 g Rindertalg und Margarine, ausgelassen
2 Eier
750 g Marzipan-Rohmasse

Außerdem:
200 g Margarine oder Butter zum Bestreichen
2 Päckchen Vanillinzucker und etwa 200 g Puderzucker zum Bestreuen

Am Abend vorher die Mandeln abziehen und mahlen. Rosinen und Korinthen waschen und abtrocknen, mit Mandeln, Orangeat, Zitronat, Zitronenschale und den Gewürzen vermischen und das Kirschwasser darübergießen. Zugedeckt über Nacht durchziehen lassen. Übrige Zutaten rechtzeitig bereitstellen, damit sie Zimmertemperatur annehmen. Die Hefe mit 1 Tasse lauwarmer Milch, 2 Teelöffeln Zucker und 3 Eßlöffeln Mehl zu einem Vorteig verrühren, zugedeckt warmstellen, bis er Blasen wirft. Übriges Mehl und den Zucker in eine Backschüssel geben, Vorteig daruntermischen, das zerlassene und wieder abgekühlte Fett mit der restlichen lauwarmen Milch und den Eiern unter den Teig rühren. Dann den Teig kneten, bis er weich und geschmeidig ist und nicht mehr klebt. Die in Kirschwasser getränkten Zutaten vorsichtig unterkneten, damit der Teig nicht grau wird. Etwa 30 Minuten gehen lassen. Den Teig zu 3 gleich großen Kugeln formen und zu dicken ovalen Fladen ausrollen. Der Länge nach mit dem Nudelholz jeweils eine Rille in den Teig drücken und jeweils 1/3 vom zur Rolle geformten Marzipan einlegen. Je eine Seite des Teiges darüberschlagen, so daß längliche Stollen entstehen. Die Stollen auf Backblechen nochmals etwa 30 Minuten gehen lassen und dann backen. Anschließend noch heiß mit viel flüssigem Fett bestreichen. Zuerst mit Vanillinzucker, dann dick mit Puderzucker bestreuen. Die Stollen nach dem Auskühlen in Cellophan einwickeln, kühl lagern.

Backzeit: etwa 60 Minuten
Elektroherd: 175-200 Grad
Gasherd: Stufe 2-3

Den Rheinischen Christstollen können Sie auf Vorrat backen. Gut verpackt, bleibt er lange frisch.

Glühweinkuchen

Abbildung Seite 6/7

Für den Teig:

200 g frische Schwarzbrot-
oder Pumpernickel-Brösel

6 Eigelb

je 100 g brauner und weißer
Zucker

abgeriebene Schale ½ Zitrone,
unbehandelt

1 Prise Salz

2 cl (1 Gläschen) Rum

100 g ungeschält gemahlene
Mandeln

100 g geriebene Bitter-
schokolade

100 g Mehl

1 TL Backpulver

6 Eiweiß

Außerdem:

Margarine zum Ausfetten der
Form

Paniermehl oder Grieß zum
Ausstreuen der Form

Puderzucker zum Bestäuben

Für den Glühweinsirup:

½ l leichter Rotwein

½ Zimtstange

3 Pimentkörner

Saft und Schale 1 Zitrone,
unbehandelt

250 g Zucker

4 cl Rum

Die Brotbrösel auf einem ungefetteten Backblech im Backofen bei 200 Grad (Gasherd Stufe 3) leicht anrösten, abkühlen lassen. Eigelb mit dem Zucker dickschaumig rühren. Alle übrigen Zutaten, zuletzt das mit Backpulver vermischte Mehl und die Brotbrösel unterrühren. Den steifgeschlagenen Eischnee unterheben. Eine Gugelhupf- oder Rodonform einfetten, mit Paniermehl

oder Grieß ausstreuen. Den Teig einfüllen und im vorgeheizten Ofen backen. In der Zwischenzeit den Glühweinsirup zubereiten. Hierzu den Rotwein mit den Gewürzen bei milder Hitze 20 Minuten ziehen lassen, durchsieben. Mit dem Zucker zu leichtem Sirup einkochen, auf Handwärme abkühlen lassen, Rum zugeben. Nach Ende der Backzeit den Kuchen vom Rand lösen und in der Backform abkühlen lassen, dann vorsichtig stürzen. Nach dem völligen Erkalten den Kuchen wieder in die Backform setzen, mehrfach mit einem Holzstäbchen einstechen und mit dem Glühweinsirup tränken, durchziehen lassen. Dann den Kuchen behutsam auf ein Gitter stürzen, leicht antrocknen lassen und kurz vor dem Servieren mit Puderzucker bestäuben. Dazu Schlagsahne und den restlichen Glühweinsirup reichen.

Backzeit: etwa 60 Minuten
Elektroherd: 180 Grad
Gasherd: Stufe 2

TIP Trotz der angegebenen Backzeiten sollten Sie jedesmal eine Garprobe machen, bevor Sie einen Kuchen aus dem Backofen nehmen. Dazu mit einem Holzstäbchen mehrmals in den Kuchen einstechen. Bleiben keine Teigreste kleben, ist der Kuchen gar, ansonsten den Kuchen noch einige Minuten weiterbacken lassen.

Bremer Klaben

Für den Teig:

40 g Hefe

500 g Mehl

100 g Zucker

knapp ¼ l Milch

200 g Margarine oder Butter

50 g Schmalz

1 Prise Salz

400 g Korinthen oder halb
Rosinen, halb Korinthen

40 g Mandelstifte

40 g feingehacktes Zitronat

abgeriebene Schale 1 Zitrone,
unbehandelt

1 Prise Zimt

½ TL gemahlener Kardamom

1 EL Rosenwasser

Außerdem:

Mehl zum Ausrollen

Fett für das Blech

1 Eigelb und 3-4 EL Zitronensaft zum Bestreichen

evtl. Zucker zum Bestreuen

Die zerbröckelte Hefe mit wenig Mehl, 1 Prise Zucker und der lauwarmen Milch glattrühren, etwa 10 Minuten gehen lassen. Dann vom restlichen Mehl ⅔ in eine Schüssel geben, eine Mulde eindrücken und die Hefemischung hineingeben. Das weiche Fett in Flöckchen auf den Rand setzen, Salz darüberstreuen und alles zu einem glatten Teig kneten. Den Teig so lange durcharbeiten, bis er Blasen wirft. Korinthen, Mandeln und Zitronat mit dem restlichen Mehl, den Gewürzen und dem Rosenwasser darunterkneten. Eine Teigkugel formen, bedeckt bei Zimmertemperatur bis zur doppelten Größe gehen lassen (in 1-2 Stunden).

Dann den Teig nochmals durchkneten und auf der bemehlten Arbeitsfläche zu einem Rechteck von etwa 3 cm Dicke ausrollen. Mit dem Rollholz in der Mitte der Länge nach eine Kerbe drücken, eine Hälfte des Teiges über die andere schlagen. Den Klaben auf ein gefettetes Backblech legen und leicht zu einem Halbmond formen. Nochmals gehen lassen (40-60 Minuten). Eigelb mit Zitronensaft verrühren, die Oberfläche damit bestreichen. Im vorgeheizten Backofen auf der unteren Schiene goldbraun backen. Noch warm nach Belieben mit feinem Zucker bestreuen.

Backzeit: etwa 60 Minuten
Elektroherd: 180-200 Grad
Gasherd: Stufe 2-3

Ein nicht alltäglicher Rührteigkuchen mit Feigen.

Feigenkuchen

Für den Teig:
250 g getrocknete Feigen
175 ml Portwein
1 TL Backpulver
125 g Mehl
125 g Margarine
125 g brauner Zucker
1 Prise Salz
½ TL Zimt
2 Eier
Außerdem:
Fett für die Form
Zum Verzieren:
3 frische Feigen
2 EL Aprikosenkonfitüre

Zuerst die Feigen 12 Stunden in Portwein einweichen. Für den Teig Mehl und Backpulver in einer Schüssel mischen, Fett, Zucker, Salz, Zimt und die Eier zufügen und alles mit den Schneebesen des elektrischen Handrührgerätes etwa 2 Minuten gut verrühren. Die abgetropften und feingehackten Feigen unter den Teig heben. In eine gefettete Mini-Springform (18 cm Durchmesser) füllen und im vorgeheizten Backofen backen. Den Kuchen 10 Minuten in der Form abkühlen lassen. Auf ein Kuchengitter stürzen. Dann den Kuchen mit dem abgetropften Portwein tränken. Frische Feigen achteln und auf dem Kuchen verteilen. Mit erwärmter Aprikosenkonfitüre bestreichen.

Backzeit: etwa 50 Minuten
Elektroherd: 175 Grad
Gasherd: Stufe 2

Der Nußstollen aus Hefeteig ist eine Kostprobe wert.

Nußstollen

Für den Teig:
1000 g Mehl
¼ l Milch
225 g Honig
250 g Margarine, z. B. Sanella
1 Würfel Hefe
1 Beutel Citro-back
1 TL Zimt
½ TL Kardamom
Außerdem:
Mehl zum Ausrollen
Für die Füllung:
200 g Marzipan-Rohmasse
4 EL Aprikosenkonfitüre
125 g Rum-Rosinen
100 g gehackte Haselnußkerne
125 g kandierte Walnußstücke
Für die Glasur:
150 g Puderzucker
3-4 EL Wasser
50 g gehobelte Haselnüsse

Mehl in eine Schüssel geben. Milch, Honig und Margarine lauwarm erhitzen und zum Mehl gießen. Hefe hineinbröckeln. Citro-back, Zimt und Kardamom zufügen. Alles zu einem geschmeidigen Hefeteig verkneten, eventuell noch etwas Mehl zufügen. Den Teig an einem warmen Ort zugedeckt etwa 60 Minuten gehen lassen. Nochmals durchkneten und auf einem leicht bemehlten Backbrett zu einem Oval von etwa 40 cm Länge ausrollen. Marzipan-Rohmasse mit Aprikosenkonfitüre verrühren und auf die Teigplatte streichen. Darauf die Rum-Rosinen, die gehackten Haselnüsse und die kandierten Walnußstücke geben. Den Teig aufrollen und zu einem Stollen formen. Auf ein mit Backpapier ausgelegtes Backblech geben und etwa 30 Minuten gehen lassen. Im vorgeheizten Backofen backen. Den Nußstollen auf einem Kuchengitter auskühlen lassen. Puderzucker mit Wasser glattrühren. Den Nußstollen mit der Glasur überziehen und mit gehobelten Haselnüssen bestreuen.

Backzeit: etwa 60 Minuten
Elektroherd: 180 Grad
Gasherd: Stufe 2

Schwedisches Weihnachtsbrot

Für den Teig:
500 g Mehl
½ TL Salz
1 Beutel Orange-back
½ TL Kardamom
1 Messerspitze Muskatblüte
50 g frische Hefe
3 EL Zucker
4-6 EL lauwarme Milch
1 Ei
125 g Margarine, z. B. Sanella
125 g Magerquark
100 g gemahlene Mandeln
1 Beutel Frutta-Mix
125 g Rum-Rosinen
Außerdem:
200 g Marzipan-Rohmasse für die Füllung
125 g Butter oder Margarine zum Bestreichen
Puderzucker zum Bestäuben

Schwedisches Weihnachtsbrot.

⅔ des Mehls mit Salz, Orange-back und den Gewürzen vermischen. In die Mitte eine Vertiefung drücken, Hefe hineinbröckeln, mit etwas Zucker, Mehl und der lauwarmen Milch zu einem Vorteig verrühren. Etwa 15 Minuten gehen lassen. Dann den restlichen Zucker, Ei, Margarine, Quark, Mandeln und das restliche Mehl zugeben. Alles zu einem glatten Hefeteig verkneten, bis er sich vom Schüsselrand löst. Den Teig 30-40 Minuten gehen lassen. Zuletzt Frutta-Mix und Rum-Rosinen unter den Teig kneten. Den Teig zu einem Rechteck von etwa 35 cm Länge und 25 cm Breite ausrollen. Marzipan-Rohmasse zu einer 25 cm langen Rolle formen und in die Mitte des Teigrechtecks legen. Die beiden Seitenteile so überklappen, daß die Marzipanrolle in der Mitte liegt. Das Brot auf etwa 12 cm Breite zusammendrücken, auf ein 4fach gefaltetes Backpapier geben. Auf ein Backblech legen und nochmals gehen lassen. Im vorgeheizten Backofen backen. Nach dem Backen das Brot mit weicher Butter oder Margarine bestreichen und mit Puderzucker bestäuben.

Backzeit: etwa 50 Minuten
Elektroherd: 250 Grad vorheizen/180-190 Grad backen
Gasherd: Stufe 5 vorheizen/ Stufe 2-3 backen

Napfkuchen mit verschiedenen Früchten, Honigkuchen mit Äpfeln, Mandelkuchen mit Orangeat.

Honigkuchen mit Äpfeln

Für den Teig:

100 g getrocknete Apfelringe

2 EL Rum oder 1 Doppelbeutel Rum-back

200 g Honig

200 g Zucker

175 g Margarine

6 Eier

375 g Mehl

2 TL Backpulver

1 Prise Salz

abgeriebene Schale 1 Zitrone, unbehandelt, oder 1 Beutel Citro-back

½ TL Zimt

½ TL Kardamom

100 g gewürfeltes Zitronat

125 g gehackte Haselnüsse

Außerdem:

Fett für die Form

Die Apfelringe in Würfel schneiden und etwa ½ Stunde in Rum einweichen. Honig, Zucker und Fett schaumig rühren, dann nacheinander die Eier und das mit Backpulver vermischte Mehl zufügen. Nun Salz, Zitronenschale oder Citroback, Zimt und Kardamom unterrühren. Zum Schluß Apfelstückchen, Zitronat und Haselnüsse einrühren. Den Teig in eine gut gefettete breite Kastenform (30 cm Länge) füllen. Im vorgeheizten Backofen auf der unteren Schiene backen. Dann aus der Form stürzen. Abkühlen lassen.

Backzeit: etwa 60 Minuten
Elektroherd: 180 Grad
Gasherd: Stufe 2

Napfkuchen mit verschiedenen Früchten

Für den Teig:

250 g getrocknete Pflaumen ohne Stein

250 g getrocknete Aprikosen

250 g Datteln

125 g gewürfeltes Zitronat

350 g Rosinen

60 gehackte Haselnüsse

60 g gehackte Mandeln

60 g gehackte Walnüsse

abgeriebene Schale 1 Zitrone, unbehandelt, oder 1 Beutel Citro-back

1 TL Zimt

½ TL gemahlene Nelken

65 g Zucker

⅛ l Rum

3 Eier

125 g Zucker

250 g Mehl

2 TL Backpulver

50 g Margarine

Außerdem:

Fett für die Form

Die Pflaumen, Aprikosen und Datteln kleinschneiden und in eine Schüssel geben. Zitronat, Rosinen, Nüsse, Mandeln und Gewürzzutaten zufügen, ebenso Zucker und Rum. Schüssel abdecken und alles etwa 6 Stunden ziehen lassen. Dann die Eier schaumig schlagen. Langsam den Zucker einrieseln lassen und weiterschlagen, bis der Zucker gelöst ist. Mehl und Backpulver mischen und vorsichtig unterheben. Zum Schluß die zerlassene und wieder abgekühlte Margarine und die gut durchgezo-

genen Früchte unterrühren. Den Teig in eine gut gefettete Napfkuchenform füllen. Im vorgeheizten Backofen backen. Aus der Form stürzen und erkalten lassen.

Backzeit: etwa 120 Minuten
Elektroherd: 180 Grad
Gasherd: Stufe 2

Mandelkuchen mit Orangeat

Für den Teig:

200 g Margarine

250 g Zucker

1 Päckchen Vanillinzucker

6 kleine Eier

1 Prise Salz

300 g Mehl

2 TL Backpulver

100 g gewürfeltes Orangeat

65 g gewürfeltes Zitronat

Außerdem:

Fett für die Form

Für die Füllung:

50 g gehackte Mandeln

50 g gewürfeltes Orangeat

Zum Bestreichen:

2 EL Himbeergelee

1 EL Himbeergeist

Zum Bestreuen:

40 g geröstete Mandelblättchen

Fett schaumig rühren. Zucker und Vanillinzucker zufügen. Dann nacheinander die Eier zugeben und so lange weiterrühren, bis der Zucker gelöst ist. Salz zugeben. Mehl und Backpulver mischen und unterrühren. Zum Schluß Orangeat und Zitronat einrühren. Die Hälfte des Teiges in eine gut gefettete Kastenform (30 cm Länge)

43

füllen. Darauf die Mandeln und das Orangeat streuen, dann den restlichen Teig darübergeben und gleichmäßig verstreichen. Im vorgeheizten Backofen auf der unteren Schiene backen. Dann aus der Form stürzen. Das Himbeergelee mit dem Himbeergeist verrühren und auf die Oberseite des wieder herumgedrehten Kuchens streichen. Zum Schluß mit Mandelblättchen bestreuen.

Backzeit: etwa 75 Minuten
Elektroherd: 175 Grad
Gasherd: Stufe 2

Mohnstollen

Für den Teig:
40 g Hefe
200 ml lauwarme Milch
75 g Zucker
500 g Mehl
1 Prise Salz
100 g Margarine, z. B. Sanella
1 Ei
Für die Füllung:
250 g Mohn
50 g Margarine
2 Eigelb
150 g Zucker
2 Päckchen Vanillinzucker
100 g gemahlene Haselnüsse
50 g Grieß
100 g Rosinen
2 Eiweiß
Außerdem:
Margarine für das Blech

Den Mohn für die Füllung am Vortag in Wasser aufkochen, 30 Minuten quellen lassen und zum Abtropfen auf ein Sieb geben. Für den Teig die Hefe in die Milch bröckeln und mit 1 Prise Zucker und etwas Mehl verrühren. Zugedeckt an einem warmen Ort 5-10 Minuten gehen lassen. Zucker, Mehl, Salz, zerlassene und wieder abgekühlte Margarine und das Ei in eine Rührschüssel geben, die Hefemilch zufügen, alles vermengen und den Teig kräftig kneten und schlagen (am besten in der Küchenmaschine). Mit Folie abdecken und an einem warmen Ort bis zur doppelten Größe gehen lassen. Inzwischen den Mohn mahlen. Dann mit zerlassener und wieder abgekühlter Margarine, Eigelb (etwas zum Bepinseln zurücklassen), Zucker, Vanillinzucker, Nüssen, Grieß und den Rosinen gut verrühren. Zum Schluß den sehr steifen Eischnee (1/3 zum Bestreichen zurücklassen) unterziehen. Den aufgegangenen Hefeteig kurz durchkneten und zu einem Rechteck von 35 x 50 cm ausrollen. Mit etwas Eischnee bestreichen, dann die Mohnmasse darauf verteilen. Den restlichen Eischnee auf dem Mohn verstreichen. Den Teig von den Schmalseiten zur Mitte hin aufrollen. Den Stollen auf das gefettete Blech legen und nochmals kurz aufgehen lassen. Im vorgeheizten Ofen backen. Kurz vor Ende der Backzeit das restliche Eigelb mit etwas Wasser verrühren und den Stollen damit bepinseln.

Backzeit: 30-40 Minuten
Elektroherd: 200 Grad
Gasherd: Stufe 3

Die Mohnfüllung macht diesen Stollen so schön saftig.

Festliche Torten

ein Schmuckstück für jede Festtagstafel

Schokoladentorte

Für den Teig:
100 g Zartbitter-Schokolade
100 g Margarine oder Butter
2 EL Puderzucker
6 Eigelb
125 g Zucker
6 Eiweiß
100 g Mehl
Außerdem:
Fett und Paniermehl für die Form
Für die Füllung:
250 g Sauerkirschen aus dem Glas
300 ml Schlagsahne
200 g helle und 100 g dunkle Kuvertüre
6 EL Kirschsaft
Zum Verzieren:
100 g dunkle Kuvertüre

Eine prachtvolle Schokoladentorte mit leckerer Füllung.

Die Schokolade in Stücke brechen. In einem Topf bei milder Hitze auf der Herdplatte oder im Wasserbad schmelzen. Abkühlen lassen. Das weiche Fett mit Puderzucker, Eigelb und der Hälfte des Zuckers ganz schaumig rühren. Die Schokolade daruntermischen. Das Eiweiß mit dem restlichen Zucker ganz steif schlagen. Zusammen mit dem Mehl unter den Teig ziehen. Eine Springform (24-26 cm Durchmesser) ausfetten und mit Paniermehl ausstreuen. Den Teig einfüllen und glattstreichen. Im vorgeheizten Ofen backen. Herausnehmen, kurz abkühlen lassen und aus der Form lösen. Die Kirschen abtropfen lassen, etwas Kirschsaft für später aufheben. Nun für die Creme die Sahne aufkochen. Die Kuvertüre hineinbröckeln und unter Rühren darin auflösen. Die Masse im Kühlschrank abkühlen lassen. Sobald die Creme fest wird, mit dem Schneebesen kräftig aufschlagen, bis sie hell wird. Den Tortenboden mit dem Kirschsaft tränken. Die Sauerkirschen darauf verteilen. Die Creme darüberhäufen und mit einem großen Messer glattstreichen. Dabei auch den Rand bestreichen. Die dunkle Kuvertüre im Wasserbad schmelzen. Auf einer Marmorplatte oder einer anderen glatten Fläche ganz dünn aufstreichen. Mit der Palette oder einem langen Messer Späne abschaben und die Torte damit verzieren. Übrige Kuvertüre eventuell nochmals erhitzen.

Backzeit: 45-55 Minuten
Elektroherd: 180 Grad
Gasherd: Stufe 2

Datteltorte

Für den Teig:
4 Eier
150 g Zucker
1 Päckchen Vanillinzucker
100 g Speisestärke
100 g Mehl
65 g Margarine
Außerdem:
Fett für die Form
Für die Creme:
6 Blatt weiße Gelatine
2 Eigelb
90 g Zucker
¼ l Weißwein
Saft ½ Zitrone
50 g gemahlene Mandeln
2 Eiweiß
¼ l Schlagsahne
225 g Datteln
2 EL Rum oder 1 Doppelbeutel Rum-back
Für die Glasur:
200 g Puderzucker und
3-4 EL Zitronensaft oder
2 Beutel Kuchenglasur Zitrone
rote Back- und Speisefarbe
Zum Verzieren:
12-16 Datteln
2 EL gehackte Pistazien
50 g Marzipan-Rohmasse

Eier schaumig schlagen. Zucker und Vanillinzucker unter Schlagen einrieseln lassen. Speisestärke und Mehl mischen, locker unterheben. Zerlassene und wieder abgekühlte Margarine unterziehen. Den Teig in eine nur am Boden gefettete Springform (24 cm Durchmesser) füllen und im vorgeheizten Backofen backen. Gelatine einweichen. Eigelb und Zucker schaumig schlagen. Wein und Zitronensaft zufügen. Gelatine auflösen, abkühlen lassen, unter die Eigelbmasse rühren. Kalt stellen. Wenn die Masse anfängt zu gelieren, Mandeln, steifgeschlagenes Eiweiß und geschlagene Sahne unterheben. Kalt stellen. Feingewürfelte Datteln mit Rum mischen und unter die Creme rühren. Den Biskuit zweimal waagerecht durchschneiden. Mit der Creme füllen und zusammensetzen. Puderzucker mit so viel Zitronensaft verrühren, bis eine dickflüssige Masse entsteht, oder die Kuchenglasur im Wasserbad auflösen. Die Glasur mit einigen Tropfen Back- und Speisefarbe verrühren und die Torte damit überziehen. Datteln halb aufschneiden, entkernen und in die Öffnung mit Pistazien verknetetes Marzipan stecken. Die Torte damit verzieren.

Backzeit: 35-45 Minuten
Elektroherd: 200 Grad
Gasherd: Stufe 3

Für Sahne-Liebhaber ist die Eierlikörbombe genau das Richtige.

Eierlikörbombe

Für den Teig:
4 Eiweiß
100 g Zucker
1 Prise Salz
4 Eigelb
160 g Mehl
1 TL Backpulver

Für die Füllung:
600 ml Schlagsahne
250 ml Eierlikör
5 Blatt weiße Gelatine

Zum Verzieren:
100 g Kokosflocken
4 EL Zucker

Eiweiß steif schlagen, Zucker und Salz einrieseln lassen und so lange schlagen, bis der Zucker gelöst ist. Eigelb unterziehen. Das mit Backpulver vermischte Mehl daraufsieben und vorsichtig unterheben. Den Teig in eine mit Backpapier ausgelegte Springform (24 cm Durchmesser) füllen und im vorgeheizten Ofen backen. Abkühlen lassen und zweimal durchschneiden. Zwei Tortenböden etwas verkleinern, so daß drei verschiedene Größen entstehen. Sahne steif schlagen, Eierlikör unterrühren. Gelatine nach Packungsanweisung auflösen, mit etwas Eierlikör-Sahne verrühren und die restliche Sahne zufügen. Tortenböden damit bestreichen, zusammensetzen und die Teigreste kuppelförmig aufschichten. Den Kuchen rundherum mit Eierlikör-Sahne bestreichen. Mit 50 g Kokosflocken bestreuen. Zucker in der Pfanne erhitzen, bis er braun wird, restliche Kokosflocken zufügen und kurz mitrösten. Auf Alufolie geben und abkühlen lassen. Anschließend die Torte damit wie auf dem Foto verzieren.

Backzeit: etwa 20 Minuten
Elektroherd: 200 Grad
Gasherd: Stufe 3

Kastanientorte

Für den Teig:
150 g Mehl
100 g Margarine
50 g Zucker
1 Ei
1 Prise Salz

Für die Füllung:
2 Eigelb
125 g Zucker
1 Päckchen Vanillinzucker
abgeriebene Schale ½ Orange, unbehandelt
2 EL Crème fraîche
1 Dose (ca. 450 g) ungesüßtes Kastanienpüree

Außerdem:
Fett für die Form
25 g gehobelte Mandeln
Puderzucker zum Bestäuben

Aus Mehl, Margarine, Zucker, Ei und Salz einen glatten, geschmeidigen Teig kneten. Etwa 1 Stunde kalt stellen. In der Zwischenzeit die Eigelb in einer Schüssel mit dem Zucker und dem Vanillinzucker dickschaumig schlagen. Die Orangenschale und die Crème fraîche dazugeben. Dann eßlöffelweise nach und nach das Kastanienpüree darunterrühren. Mit dem ausgerollten Mürbeteig den Boden einer ausgefetteten Springform auslegen und einen 3 cm hohen Rand formen. Den Teigboden mehrmals mit einer Gabel einstechen. Die Form in den vorgeheizten Ofen schieben und den Boden 15 Minuten vorbacken. Kurz abkühlen lassen. Die Kastanienfüllung auf den vorgebackenen Teigboden füllen und glattstreichen. Gleichmäßig mit den gehobelten Mandeln bestreuen. Die Kastanientorte wieder in den Ofen stellen und in weiteren 30 Minuten fertigbacken. Den abgekühlten Kuchen mit Puderzucker bestäuben.

Backzeit:
15 Minuten vorbacken
30 Minuten fertigbacken
Elektroherd:
220 Grad vorbacken
180 Grad fertigbacken
Gasherd:
Stufe 4 vorbacken
Stufe 2 fertigbacken

Eine ausgefallene Überraschung für Ihre Gäste: Kastanientorte.

Gewürztorte mit Stern

Für den Teig:

200 g Margarine

250 g Zucker

6 Eigelb

1 Glas (2 cl) Orangenlikör oder Rum

3 TL Zimt

2 TL gemahlene Nelken

1 Prise Salz

250 g gemahlene Mandeln

125 g feingewürfeltes Zitronat

100 g Paniermehl

6 Eiweiß

Für die Füllung:

4 EL Orangenlikör

4 EL Orangenmarmelade

Für die Verzierung:

150 g Kuvertüre

Puderzucker

Orangengeleefrüchte

grüne kandierte Kirschen

Fett schaumig rühren. Zucker einstreuen und ein Eigelb nach dem anderen unterrühren. Likör oder Rum, Gewürze, Mandeln, feingewürfeltes Zitronat und das Paniermehl einrühren. Eiweiß sehr steif schlagen und locker unter den Teig ziehen. Eine Springform (24 cm Durchmesser) am Boden mit Pergamentpapier auslegen und den Teig hineinfüllen. Im vorgeheizten Backofen auf unterer Schiene backen. Danach aus der Form nehmen und auskühlen lassen. Dann zweimal durchschneiden. Die einzelnen Böden mit Orangenlikör beträufeln, mit Orangenmarmelade bestreichen und wieder zusammensetzen. Die Oberfläche der Torte mit erwärmter flüssiger Kuvertüre bestreichen. Einen Stern aus Papier schneiden. Auf die Mitte der Torte legen und die Ränder mit Puderzucker bestäuben. Dann den Papierstern vorsichtig abheben, damit die Konturen nicht verwischen. Mit Orangengeleestückchen und halbierten grünen kandierten Kirschen verzieren.

Backzeit: etwa 60 Minuten
Elektroherd: 200 Grad
Gasherd: Stufe 3

Schokoladentorte mit Engeln

Für den Teig:

500 g Margarine

400 g Zucker

1 Prise Salz

2 Päckchen Vanillinzucker

8 Eier

1 Päckchen Lebkuchengewürz

375 g Mehl

125 g Speisestärke

6 TL (1½ Päckchen) Backpulver

6 EL Kakao oder 3 Doppelbeutel Back-Kakao

4 EL Milch

100 g gewürfeltes Zitronat

100 g Rosinen

50 g grob gewürfelte Schokolade oder

50 g Schokoladen-Tröpfchen

Für die Füllung:

1 Glas Zitronenmarmelade oder Preiselbeeren

Für die Verzierung:

4 Beutel dunkle Kuchenglasur

Marzipanengel und Marzipansterne (aus der Konditorei)

2 EL gehackte Pistazien

Fett schaumig rühren. Zucker, Salz und Vanillinzucker zufügen und unterrühren. Ein Ei nach dem anderen zugeben und so lange rühren, bis der Zucker gelöst ist. Lebkuchengewürz, Mehl, Speisestärke, Backpulver und Kakao mischen und kurz unter den Teig rühren. Zum Schluß Milch, Zitronat, gewaschene und abgetrocknete Rosinen und die Schokolade unterheben. Drei Springformen (16, 22 und 26 cm Durchmesser) am Boden mit Pergamentpapier auslegen. Den Teig gleichmäßig auf alle Formen verteilen. Im vorgeheizten Backofen auf unterer Schiene nacheinander backen. Auskühlen lassen. Jeden Boden einmal durchschneiden. Mit Zitronenmarmelade füllen und wieder zusammensetzen. Die drei Torten übereinandersetzen und ebenfalls mit Zitronenmarmelade bestreichen. Kuchenglasur erwärmen und von oben über die Torte gießen. Schnell mit einem Messer verteilen. Danach die Tortenoberfläche und die Ränder mit Marzipanfiguren und gehackten Pistazien verzieren.

Backzeit: etwa 45 Minuten
Elektroherd: 200 Grad
Gasherd: Stufe 3

Zwei große Weihnachtstorten für festliche Kaffeestunden: Schokoladentorte mit Engeln und Gewürztorte mit Stern.

Die Weihnachtstorte wird mit einer feinen Creme gefüllt und festlich garniert.

Weihnachtstorte

Für den Teig:
1 Paket Backmischung Biskuit
3 Eier
50 ml Wasser

Außerdem:
Fett für die Form

Für die Füllung:
½ l Milch
1 Päckchen Vanillepuddingpulver
75 g Zucker
abgeriebene Schale 1 Zitrone, unbehandelt, oder 1 Beutel Citro-back
5 Blatt weiße Gelatine
5 EL Orangenlikör
¼ l Schlagsahne
½ Glas Aprikosenkonfitüre

Für den Belag:
350 g Marzipan-Rohmasse
3-4 EL Puderzucker
150 g Kuvertüre

Zum Verzieren:
Maraschinokirschen

Backmischung mit Eiern und Wasser in eine Rührschüssel geben, kurz verrühren und in 2-3 Minuten mit den Schneebesen des elektrischen Handrührgerätes cremig schlagen. Den Teig in eine nur am Boden gefettete Springform von 24-26 cm Durchmesser füllen und im vorgeheizten Backofen auf der unteren Schiene backen. Aus der Form nehmen und auf einem Kuchengitter auskühlen lassen. Aus Milch, Puddingpulver, Zucker und Zitronenschale oder Citro-back einen Flammeri bereiten und die in kaltem Wasser eingeweichte Gelatine darin auflösen. Unter mehrmaligem Rühren erkalten lassen, den Likör zufügen und die Sahne unterziehen. Den Biskuit zweimal durchschneiden und jeden Boden mit verrührter Aprikosenkonfitüre bestreichen. Zwei Böden mit der Creme bestreichen. Dann die Böden zu einer Torte zusammensetzen, leicht andrücken. Marzipan-Rohmasse mit gesiebtem Puderzucker verkneten, auf Kuchengröße ausrollen und die Torte damit umhüllen. Die Kuvertüre im Wasserbad auflösen und die Marzipandecke damit bestreichen. Aus den ausgerollten Marzipanresten Sterne verschiedener Größe ausstechen und auf den Tortenrand legen. Mit Maraschinokirschen verzieren.

Backzeit: 30-35 Minuten
Elektroherd: 175 Grad
Gasherd: Stufe 2

Birnentorte

Für den Teig:

3 Eier	
85 g Zucker	
75 g Mehl	
½ TL Backpulver	
20 g Margarine oder Butter	

Zum Beträufeln:

3 EL Orangensaft	
Saft 1 Zitrone	
2 EL Kirschwasser	
3 EL Sherry	

Außerdem:

3 große Birnen	
250 g Quittengelee	
⅛ l Wasser	
¼ l Schlagsahne	
Mandelblättchen	

Eier schaumig schlagen und Zucker unter ständigem Schlagen einrieseln lassen. So lange weiterschlagen, bis der Zucker aufgelöst ist. Mehl und Backpulver sieben und unterheben. Zuletzt die flüssige, abgekühlte Margarine oder Butter unterziehen. Den Boden einer Springform (24 cm Durchmesser) mit Backpapier auslegen, den Teig hineinfüllen und im vorgeheizten Ofen backen. Sofort auf ein Kuchengitter stürzen und das Papier abziehen. Orangensaft, Zitronensaft, Kirschwasser und Sherry verrühren und den Biskuitboden damit beträufeln. Birnen waschen, halbieren und das Kerngehäuse entfernen. Quittengelee und Wasser zum Kochen bringen und die Birnen darin etwa 5-15 Minuten, je nach Reife, dünsten. Die Birnen noch heiß auf die Torte legen. Quittengelee etwas erkalten lassen und über die Birnen gießen. Sahne steif schlagen, den Tortenrand damit bestreichen und mit Mandelblättchen verzieren.

Backzeit: etwa 15 Minuten
Elektroherd: 200 Grad
Gasherd: Stufe 3

Die Birnentorte sollten Sie einmal probieren, sie schmeckt vorzüglich.

Weihnachtliche Biskuittorte

Für den Teig:
4 Eiweiß
2 EL kaltes Wasser
200 g Zucker
1 Beutel Orange-back
4 Eigelb
1 Doppelbeutel Rum-back
150 g Mehl
75 g Speisestärke
2 TL Backpulver
200 g gemahlene Mandeln

Zum Füllen und Bestreichen:
1 Glas herbe Orangenmarmelade
1 Beutel Rum-back

Zum Belegen:
300 g Marzipan-Rohmasse
200 g Puderzucker

Für die Glasur:
150 g Halbbitter-Kuvertüre

Zum Verzieren:
2 EL Raspelschokolade
1 Päckchen Gebäckschmuck
100 g gemahlene Mandeln

Eiweiß mit dem Wasser steif schlagen. Zucker und Orange-back unter Schlagen einrieseln lassen, Eigelb und Rum-back kurz unterziehen. Das Gemisch aus Mehl, Speisestärke, Backpulver und Mandeln unter die Masse heben. Den Teig in eine nur am Boden gefettete Springform (26 cm Durchmesser) geben und im vorgeheizten Backofen backen. Danach den Tortenboden erkalten lassen. In der Zwischenzeit Orangenmarmelade und Rum-back verrühren. Den Tortenboden einmal durchschneiden, mit Marmelade füllen und rundherum bestreichen. Marzipan-Rohmasse und Puderzucker verkneten und ⅔ zwischen Frischhaltefolie dünn ausrollen. Die Tortenoberfläche und den Rand damit bedecken. Kuvertüre erwärmen und die Torte damit überziehen, fest werden lassen. Aus Papier eine Sternschablone (etwa 22 cm Durchmesser) ausschneiden. Restliches Marzipan dünn ausrollen. Mit Hilfe der Schablone einen Marzipanstern ausschneiden und auf die Torte legen. Die Raspelschokolade in die Mitte zu einem Stern legen. Den Marzipanstern mit Gebäckschmuck verzieren. Die gemahlenen Mandeln an den Tortenrand streuen.

Backzeit: 45-50 Minuten
Elektroherd: 175-200 Grad
Gasherd: Stufe 2-3

Eine zarte Biskuittorte mit stimmungsvoller Verzierung. Umhüllt von Marzipan und einem Guß aus Schokolade, bleibt sie lange saftig.

Mandarinentorte

Für den Teig:

150 g Margarine, z. B. Sanella
150 g Zucker
1 Prise Salz
3 Eier
150 g Mehl
1 Messerspitze Backpulver

Außerdem:

Fett für die Form
5 EL Orangenlikör zum Beträufeln

Für die Füllung:

3 Dosen Mandarinen
3 Kiwis
¼ l Mandarinensaft
6 EL Weißwein
3 EL Zitronensaft
abgeriebene Orangenschale, unbehandelt
100 g Zucker
2 Päckchen Tortenguß, klar

Zum Bestreichen:

½ l Schlagsahne
30 g Zucker
1 Päckchen Vanillinzucker
2 Päckchen Sahnesteif

Zum Garnieren:

geraspelte Orangenschale, unbehandelt

Reich verzierte Festtagstorte mit fruchtiger Füllung.

Margarine, Zucker, Salz und die Eier schaumig rühren. Mehl mit Backpulver vermischen und zufügen. Den Teig in eine ausgefettete Springform (24 cm Durchmesser) füllen und im vorgeheizten Ofen backen. Den abgekühlten Tortenboden einmal durchschneiden; beide Böden mit Orangenlikör tränken. Die gut abgetropften Mandarinen – 12 Spalten zum Garnieren zurücklassen – und die geschälten, halbierten und in Scheiben geschnittenen Kiwis in eine Schüssel geben. Aus Mandarinensaft, Weißwein, Zitronensaft, Orangenschale, Zucker und dem Tortengußpulver einen Guß bereiten und vorsichtig mit den Früchten vermischen. Den unteren Tortenboden auf eine Platte legen und mit einem Springformrand umstellen. Das Obst darauf verteilen und den zweiten Tortenboden darauflegen. Abkühlen lassen. Die Sahne mit Zucker, Vanillinzucker und Sahnesteif nach Anweisung steif schlagen (etwas Sahne zum Garnieren zurückbehalten). Die Torte von allen Seiten damit bestreichen. Mit Sahnetupfern, Mandarinenspalten und geraspelter Orangenschale garnieren.

Backzeit: etwa 30 Minuten
Elektroherd: 175 Grad
Gasherd: Stufe 2

Wiener Moccatorte

Für den Teig:
4 Eigelb
3 EL heißes Wasser
100 g Zucker
1 Päckchen Vanillinzucker
4 Eiweiß
25 g Zucker
75 g Mehl
50 g Speisestärke
1 Doppelbeutel Back-Kakao
½ TL Backpulver

Für die Füllung:
1 Päckchen Vanille-Puddingpulver
1 Beutel Back-Kakao
½ l Milch
100 g Zucker
evtl. 1 Prise Salz
150 g Margarine
3 TL Instant-Kaffee
3 EL Cointreau

Für die Glasur:
150 g Vollmilch-Kuvertüre

Zum Verzieren:
Moccabohnen
Schokoladen-Dekorblätter

Eigelb, Wasser, Zucker und Vanillinzucker dickschaumig schlagen. Das Eiweiß mit dem Zucker sehr steif schlagen, zusammen mit dem Gemisch aus Mehl, Speisestärke, Back-Kakao und Backpulver vorsichtig unter die Eigelbmasse ziehen. Den Teig in eine nur am Boden gefettete Springform (24 cm Durchmesser) füllen und im vorgeheizten Backofen backen. Den Tortenboden auf ein Gitter stürzen und erkalten lassen. Für die Creme das Puddingpulver und den Back-Kakao mit einigen Eßlöffeln Milch glattrühren. Die restliche Milch mit Zucker und eventuell Salz zum Kochen bringen. Das angerührte Puddingpulver einrühren, alles einmal aufkochen und unter Rühren erkalten lassen. Die Margarine schaumig rühren, Instant-Kaffee und Cointreau unterrühren und löffelweise den erkalteten Pudding hineinrühren. Den Tortenboden in drei Platten teilen. Zwei Platten mit der Creme bestreichen. Die Böden wieder zu einer Torte zusammensetzen. Die Kuvertüre im Wasserbad erwärmen, über die Torte gießen und schnell mit dem Messer gleichmäßig verteilen. Mit Moccabohnen und Schokoladen-Dekorblättern verzieren.

Backzeit: etwa 40 Minuten
Elektroherd: 200 Grad
Gasherd: Stufe 3

Biskuitrolle mit Preiselbeerfüllung

Für den Teig:
4 Eiweiß
3-4 EL Orangen- oder Zitronensaft
125 g Zucker
1 Prise Salz
1 Päckchen Vanillinzucker
4 Eigelb
abgeriebene Schale 1 Zitrone, unbehandelt
125 g Mehl
1 TL Backpulver

Für die Füllung:
400 ml Schlagsahne
1 großes Glas Preiselbeeren (Einwaage 400 g)
30 g Zucker
3 Blatt Gelatine

Zum Verzieren:
Schale 1 Orange, unbehandelt
250 ml Schlagsahne

Sehr erfrischend: Biskuitrolle, gefüllt mit Preiselbeersahne.

Eiweiß mit Saft schaumig schlagen, Zucker, Salz und Vanillinzucker einrieseln lassen. So lange schlagen, bis der Zucker gelöst ist. Eigelb unterziehen. Zitronenschale dazugeben, das mit Backpulver vermischte Mehl daraufsieben und vorsichtig unterheben. Teig auf ein mit Backpapier belegtes Backblech streichen und im vorgeheizten Backofen backen. Die fertige Biskuitplatte sofort auf ein sauberes, mit Zucker bestreutes Geschirrtuch stürzen und das Papier abziehen. Die Platte mit Hilfe des Tuches aufrollen und erkalten lassen. Für die Füllung Sahne steif schlagen. Preiselbeeren und Zucker unterheben. Gelatine nach Packungsanweisung auflösen, mit etwas Sahnemasse verrühren und anschließend der restlichen Masse zufügen. Fest werden lassen. Die Biskuitplatte wieder ausrollen, Preiselbeersahne darauf verteilen und wieder aufrollen. Orange gründlich waschen, von der Schale dünne Streifen abschälen. Die Rolle außen mit der steifgeschlagenen Sahne und den Orangenschalenstreifen verzieren.

Backzeit: 10-12 Minuten
Elektroherd: 200 Grad
Gasherd: Stufe 3

Makronentorte

Für den Teig:
- 125 g Mehl
- 60 g Margarine
- 30 g Zucker
- 1 Eigelb
- 1 Prise Salz
- abgeriebene Schale ½ Zitrone

Für die Makronenmasse:
- 100 g Marzipan-Rohmasse
- 50 g feingemahlene Mandeln
- 100 g Zucker
- 2 TL Zitronensaft
- 2 Eiweiß

Außerdem:
- Fett für die Form
- 3 EL Kirschkonfitüre
- 50 g Belegkirschen

Mehl, Margarine in kleinen Stückchen, Zucker, Eigelb, Salz und Zitronenschale in eine Schüssel geben. Alle Zutaten mit den Knethaken des elektrischen Handrührgerätes zu einem glatten, geschmeidigen Teig verkneten. Zugedeckt mindestens 30 Minuten kalt stellen. Für die Makronenmasse die Marzipan-Rohmasse in kleine Stücke schneiden und in eine Schüssel geben. Mandeln, Zucker und Zitronensaft zufügen. Alles zu einer gleichmäßigen Masse verrühren oder verkneten. Nach und nach das zu steifem Schnee geschlagene Eiweiß daruntermischen; die Makronenmasse darf dabei jedoch nicht schaumig werden. Eine Springform (24 cm Durchmesser) ausfetten, den Mürbeteig ausrollen, den Boden damit auslegen und einen 2 cm hohen Rand formen. Den Teigboden mit der Kirschkonfitüre bestreichen. Die Makronenmasse in einen Spritzbeutel mit einer großen Lochtülle füllen. In Abständen von etwa 2 cm kleine Häufchen auf den Teigboden spritzen. In die Mitte jedes Häufchens eine Belegkirsche setzen. Die Springform in die Mitte des vorgeheizten Ofens schieben und die Makronentorte backen. Nach etwa 15 Minuten, sobald sich die Makronenmasse hellbraun gefärbt hat, die Oberfläche mit Alufolie abdecken. Nach dem Backen die Torte etwas auskühlen lassen, dann vorsichtig aus der Form lösen und ganz erkalten lassen.

Backzeit: etwa 30 Minuten
Elektroherd: 190 Grad
Gasherd: Stufe 3

Eine knusprige Köstlichkeit für Süßschnäbel, mit roten Belegkirschen hübsch verziert.

Weihnachtliche Nußtorte

Für den Teig:
6 Eiweiß
6 Eigelb
250 g Zucker
1 Beutel Rum-back
200 g gemahlene Haselnüsse
75 g Paniermehl
3 TL Backpulver
Außerdem:
Fett für die Form
Für die Füllung:
200 g Marzipan-Rohmasse
100 g Puderzucker
½ Glas Konfitüre nach Geschmack
Außerdem:
225 g Vollmilch-Kuvertüre
125 g kandierte Walnußstücke

Eiweiß sehr steif schlagen und kalt stellen. Eigelb und Zucker zu einer cremigen Masse schlagen. Rum-back und die Hälfte des Eischnees darunterziehen. Haselnüsse, Paniermehl und Backpulver vermischen und unter die Crememasse heben. Zuletzt den restlichen Eischnee daruntermischen. Die Masse in eine ausgefettete Springform (24 cm Durchmesser) füllen und im vorgeheizten Backofen backen. Die Nußtorte möglichst 1-2 Tage vor dem Verzehr backen. Vor dem Füllen den Tortenboden zweimal waagerecht durchschneiden. Marzipan-Rohmasse mit dem Puderzucker verkneten, ausrollen und zuerst etwa 8 Sterne zum Verzieren ausstechen. Aus der restlichen Marzipanmasse 2 Platten in Größe der Springform ausschneiden. Die erste Kuchenplatte mit Konfitüre bestreichen, eine Marzipanplatte darauflegen, diese gleichfalls mit Konfitüre bestreichen, mit der zweiten Kuchenplatte bedecken und so weiter fortfahren. Die Kuvertüre bei schwacher Hitze schmelzen, gut durchrühren, die Torte damit überziehen, dabei die Mitte der Tortenoberfläche wie auf dem Foto freilassen. Danach den Tortenrand mit Walnußstückchen garnieren und die Tortenoberfläche mit Marzipansternchen dekorieren.

Weihnachtliche Nußtorte – eine Zierde für den Festtagstisch.

Backzeit: etwa 45 Minuten
Elektroherd: 175-200 Grad
Gasherd: Stufe 2-3

Nuß-Sahne-Torte

Für den Teig:
4 Eigelb
4 EL warmes Wasser
125 g Zucker
1 Prise Salz
4 Eiweiß
50 g gemahlene Haselnüsse
75 g Mehl
75 g Speisestärke
1 Messerspitze Backpulver

Außerdem:
Fett für die Form

Für die Füllung:
½ l Schlagsahne
1 EL Zucker
3 Päckchen Sahnesteif
50 g gemahlene Haselnüsse

Für die Glasur:
150 g Nußnougat
25 g Margarine
100 g gehobelte Haselnüsse

Zum Verzieren:
Marzipanblüten oder Gebäckschmuck

Eigelb, Wasser, Zucker und Salz so lange schaumig schlagen, bis eine dickcremige Masse entsteht. Das zu sehr steifem Schnee geschlagene Eiweiß daraufgeben. Nüsse, Mehl, Speisestärke und Backpulver mischen und auf den Eischnee geben. Alles mit dem Schneebesen vorsichtig vermengen. Eine nur am Boden gefettete Springform (26 cm Durchmesser) mit Backpapier auslegen und den Teig einfüllen. Im vorgeheizten Ofen backen. Den fertigen Tortenboden etwa 20 Minuten in der Form auskühlen lassen, dann den Rand lösen, den Kuchen auf ein Gitter stürzen, Papier abziehen und abkühlen lassen. Den Boden zweimal waagerecht durchschneiden. Für die Füllung Sahne mit Zucker und Sahnesteif nach Anweisung aufschlagen. Die Nüsse unterheben und die Torte mit der Nußsahne füllen (etwas für den Rand übriglassen). Für die Glasur Nougatmasse im Wasserbad schmelzen. Margarine unterrühren und sofort die Tortenoberfläche damit bestreichen. Die gehobelten Haselnüsse goldgelb rösten, abkühlen lassen. Den Tortenrand mit Sahne bestreichen und mit den abgekühlten Haselnüssen bestreuen. Die Torte mit Marzipanblüten oder Gebäckschmuck verzieren.

Backzeit: etwa 30 Minuten
Elektroherd: 200 Grad
Gasherd: Stufe 3

Kronentorte

Für den Teig:

75 g Margarine, z. B. Sanella

6 Eigelb

6 EL warmes Wasser

200 g Zucker

1 Prise Salz

6 Eiweiß

100 g Mehl

75 g Speisestärke

1 TL Backpulver

Für die Füllung:

100 g Marzipan-Rohmasse

175 g Aprikosenkonfitüre

5 Blatt weiße Gelatine

½ Dose Aprikosen

Aprikosensaft

50 g Zucker

Weißwein

etwas Sahnesteif

Zum Garnieren:

50 g gehobelte Haselnüsse

¼ l Schlagsahne

30 g Zucker

1 Päckchen Sahnesteif

Margarine zerlassen und wieder abkühlen lassen. Eigelb, Wasser, Zucker und Salz cremig schlagen, Margarine zufügen. Eiweiß steif schlagen, auf die Creme geben. Mehl, Speisestärke und Backpulver mischen und unterheben. Eine Springform (26 cm Durchmesser) mit Pergamentpapier auslegen und nacheinander im vorgeheizten Ofen zwei Tortenböden backen. Die Boden in der Form etwa 5 Minuten auskühlen lassen, stürzen, Papier abziehen. Marzipan-Rohmasse und Aprikosenkonfitüre verrühren. Tortenböden zweimal waagerecht durchschneiden. Eine obere Platte zurücklegen. Die restlichen mit Marzipan-Aprikosen-Masse bestreichen, zur Torte zusammensetzen. Obere Platte frei lassen. Gelatine einweichen. Aprikosen pürieren, Saft und Zucker zufügen, mit Weißwein auf ½ l auffüllen. Die Gelatine abgießen, auflösen und unter die Aprikosen rühren. Einen Springformrand um die Torte stellen. Die Tortenoberfläche leicht mit Sahnesteif bestreuen und die halbfeste Aprikosenmasse bis auf einen Rest von 2 Eßlöffeln darauf verteilen. Fest werden lassen. Haselnüsse leicht rösten und abkühlen lassen. Sahne mit Zucker und Sahnesteif steifschlagen. Springformrand entfernen und den Tortenrand mit ⅔ der Sahne bestreichen, mit den gerösteten Haselnüssen bestreuen. Letzte Biskuitplatte in 12 Stücke schneiden, 6 davon beidseitig mit Aprikosenmasse bestreichen, gebogen auf die Torte setzen und leicht andrücken. Mit Sahne garnieren.

Backzeit: 30-40 Minuten
Elektroherd: 175 Grad
Gasherd: Stufe 2

TIP Einen Biskuit-Tortenboden zunächst 20 Minuten in der Springform abkühlen lassen, erst dann vom Rand lösen und auf ein Kuchengitter stürzen. So behält der Biskuit besser seine Form.

Festlicher Baumstamm

Für den Teig:

4 Eigelb

3 EL warmes Wasser

125 g Zucker

1 Päckchen Vanillinzucker

1 Prise Salz

4 Eiweiß

75 g Mehl

50 g Speisestärke

1 Messerspitze Backpulver

Außerdem:

Fett für das Blech

etwas Zucker

Zum Füllen und Verzieren:

½ l Milch

2 Päckchen Vanillinzucker

125 g Zucker

1 Päckchen Vanille-puddingpulver

200 g Margarine, z. B. Sanella

200 g Zartbitterschokolade

Eigelb, Wasser, Zucker, Vanillinzucker und Salz dickcremig schlagen. Den steifen Eischnee daraufgeben, Mehl, Speisestärke und Backpulver darübersieben und alles vorsichtig vermengen. Ein gefettetes Backblech mit Pergamentpapier auslegen, den Teig darauf verteilen und im vorgeheizten Ofen backen. Ein sauberes Geschirrtuch mit Zucker bestreuen, den Biskuit daraufstürzen, Pergamentpapier abziehen und den Kuchen sofort mit dem Geschirrtuch aufrollen. Abkühlen lassen. Inzwischen aus Milch, Vanillinzucker, Zucker und Puddingpulver einen Pudding kochen und zugedeckt abkühlen lassen. Margarine schaumig rühren

64

Festlicher Baumstamm – in Frankreich ist er Tradition und darf Heiligabend nicht fehlen.

und den Pudding eßlöffelweise unterrühren. Von der hellen Creme 3 EL zurücklassen. Unter den Rest geschmolzene, abgekühlte Schokolade rühren und im Kühlschrank halb fest werden lassen. Den abgekühlten Biskuit vorsichtig auseinanderrollen und mit ⅓ der Schokoladencreme bestreichen, wieder aufrollen. Von der Rolle ein kurzes Stück schräg abschneiden und als »Ast« neben den »Baumstamm« auf eine Platte legen. Die restliche Creme in einen Spritzbeutel mit Sterntülle füllen und als »Borke« auf den Baumstamm spritzen. Oder die Creme aufstreichen und mit einer Gabel wie Borke garnieren. Die helle Creme als »Jahresringe« auf die Schnittflächen spritzen.

Backzeit: 10-12 Minuten
Elektroherd: 225 Grad
Gasherd: Stufe 4

Fünf feine Torten fürs Weihnachtsfest, die leicht nachzubacken sind. Von vorne links nach rechts: Orangentorte, Apfeltorte, Nußtorte, Weincremetorte und Marzipan-Schokoladen-Torte.
Sicher ist auch für Ihren Geschmack etwas dabei.

Apfeltorte

Abbildung Seite 66/67

Für den Teig:

75 g Margarine
150 g flüssiger Honig
100 g Zucker
2 große Eier
2 TL Lebkuchengewürz
2 EL Rum
40 g Korinthen
40 g gewürfeltes Zitronat
40 g gehackte Mandeln
200 g Mehl
1½ TL Backpulver

Für die Füllung:

2 Gläser Apfelkompott
(à 360 g)
6 Blatt weiße Gelatine

Für die Glasur:

200 g Puderzucker
Saft 1 Zitrone

Zum Verzieren:

8 Schokoladensterne

Margarine schaumig rühren. Honig und Zucker zufügen und weiterrühren. Die Eier nacheinander unterrühren und so lange weiterrühren, bis der Zucker aufgelöst ist. Nun die restlichen Zutaten zufügen und unterrühren. Den Teig in eine am Boden mit Pergamentpapier ausgelegte Springform (24-26 cm Durchmesser) geben und im vorgeheizten Ofen backen. Danach aus der Form lösen und auskühlen lassen. Für die Füllung Apfelkompott in eine Schüssel geben. Eingeweichte, ausgedrückte und aufgelöste Gelatine unterrühren. Kalt stellen. Die Torte zweimal durchschneiden. Den Springformrand um den unteren Boden setzen, das Apfelkompott gleichmäßig auf dem Boden verteilen, zweiten Tortenboden daraufsetzen. Kalt stellen. Wenn das Kompott fest ist, die Torte mit Zitronenglasur überziehen. Dafür Puderzucker mit Zitronensaft zu einer dickflüssigen glatten Masse verrühren. Danach die Torte mit Schokoladensternen verzieren.

Backzeit: etwa 50 Minuten
Elektroherd: 200 Grad
Gasherd: Stufe 3

Orangentorte

Abbildung Seite 66/67

Für den Teig:

150 g Margarine
175 g Puderzucker
1 Päckchen Vanillinzucker
10 Eigelb
150 g gemahlene Mandeln
1 TL abgeriebene Orangenschale, unbehandelt, oder 1 TL Orange-back
10 Eiweiß

Für die Füllung:

3 Gläser (6 cl) Orangenlikör
½ Glas Orangenmarmelade (ca. 225 g)

Für die Glasur:

150 g Kuvertüre

Zum Verzieren:

50 g Marzipan-Rohmasse
2 EL Puderzucker
3 EL gehackte Pistazien

Fett schaumig rühren. Puderzucker, Vanillinzucker zufügen und unterrühren, die Eigelb nacheinander unterschlagen. Mandeln, Orangenschale oder Orange-back und das steifgeschlagene Eiweiß unterziehen. Den Teig in zwei am Boden mit Pergamentpapier oder Backpapier ausgelegte Springformen (26 cm Durchmesser) füllen und im vorgeheizten Ofen backen. Auskühlen lassen und jeden Boden zweimal durchschneiden. Jede Kuchenplatte mit Orangenlikör tränken und mit Orangenmarmelade bestreichen. Die Böden zusammensetzen und mit aufgelöster Kuvertüre überziehen. Zum Verzieren Marzipan-Rohmasse und Puderzucker verkneten, ausrollen und Sterne ausstechen. Die Torte mit Marzipansternen und gehackten Pistazien verzieren.

Backzeit: etwa 25 Minuten
Elektroherd: 200 Grad
Gasherd: Stufe 3

Marzipan-Schokoladen-Torte

Abbildung Seite 66/67

Für den Teig:

125 g Margarine
150 g Zucker
1 Prise Salz
1 Päckchen Vanillinzucker
1 EL Rum oder 1 Beutel Rum-back
1 TL abgeriebene Zitronenschale, unbehandelt, oder 1 TL Citro-back
½ TL Zimt
200 g Mehl
50 g Speisestärke
2 TL Backpulver

Für die Füllung:

2 EL heißes Wasser

100 g Zartbitter-Schokolade

2 EL Instant-Kaffee

1 TL Kakao

100 g Puderzucker

100 g Margarine oder Butter

10 g zerlassenes Pflanzenfett

40 g gehackte Mandeln

1 Ei

Zum Verzieren:

125 g Marzipan-Rohmasse

100 g Puderzucker

100 g gehackte, geröstete Mandeln oder Krokant

8-12 Schokoladentannen-bäumchen

Für die Pralinen:

50 g Zartbitter-Schokolade

2 EL gehackte Mandeln

Fett schaumig rühren. Zucker, Salz, Vanillinzucker, Rum und Zitronenschale oder Citro-back zufügen. Weiterrühren, bis der Zucker gelöst ist. Restliche Teigzutaten mischen und unterrühren. Den Teig in eine am Boden mit Pergamentpapier oder Backpapier ausgelegte Springform (26 cm Durchmesser) füllen und im vorgeheizten Ofen backen. Aus der Form lösen und erkalten lassen. Für die Füllung heißes Wasser über Schokoladenstückchen und Instant-Kaffee geben und auflösen. Kakao, Puderzucker, Fett, Mandeln und das Ei zufügen und unterrühren. Den Boden zweimal durchschneiden und die Torte mit ⅔ der Creme füllen. Ringsherum mit der restlichen Creme bestreichen. Marzipan und Puderzucker verkneten. Ausrollen und einen Kreis von 22 cm Durchmesser ausschneiden.

Auf die Torte legen. Ringsherum mit gerösteten gehackten Mandeln oder Krokant bestreuen. Mit Schokoladentannenbäumchen und mit kleinen Mandelpralinen verzieren. Für die Pralinen Schokolade bei schwacher Hitze auflösen. Mandeln unterrühren, abkühlen lassen und aus der Masse 8-12 kleine Kugeln formen.

Backzeit: etwa 30 Minuten
Elektroherd: 175 Grad
Gasherd: Stufe 2

Weincremetorte

Abbildung Seite 66/67

Für den Teig:

3 große Eier

2 EL heißes Wasser

120 g Zucker

1 Päckchen Vanillinzucker

1 TL abgeriebene Zitronenschale, unbehandelt

1 TL Ingwerpulver

75 g Mehl

35 g Speisestärke

1 TL Backpulver

35 g gemahlene Mandeln

Für die Füllung:

2 Päckchen Vanille-Puddingpulver

¾ l Weißwein

150 g Zucker

¼ l Schlagsahne

250 g Weintrauben

Zum Verzieren:

⅛ l Schlagsahne

1 TL Zucker

Die Eier und Wasser dickschaumig schlagen. Zucker und Vanillinzucker unter Schlagen einstreuen. So

lange weiterschlagen, bis der Zucker ganz gelöst ist. Restliche Teigzutaten mischen und locker unterheben. In eine am Boden mit Pergamentpapier oder Backpapier ausgelegte Springform (24 cm Durchmesser) füllen und im vorgeheizten Backofen backen. In der Form etwas abkühlen lassen. Danach aus der Form lösen, erkalten lassen und zweimal durchschneiden. Für die Füllung Puddingpulver mit etwas Wein anrühren. Restlichen Wein und Zucker aufkochen. Puddingpulver zufügen und unter Rühren einmal aufkochen. Abkühlen lassen und die steifgeschlagene Sahne unterziehen. Die Creme in drei Portionen teilen. Auf den unteren Boden das erste Drittel streichen. Abgezupfte, gewaschene und abgetrocknete Trauben darauf verteilen (einige zum Verzieren zurücklassen). Zweiten Boden daraufsetzen, ebenfalls mit Creme bestreichen und mit dem »Tortendeckel« abdecken. Die Torte mit der restlichen Creme ringsherum bestreichen. Sahne mit dem Zucker steif schlagen. Die Torte mit der Schlagsahne und den zurückbehaltenen Trauben verzieren.

Backzeit: 30-40 Minuten
Elektroherd: 200 Grad
Gasherd: Stufe 3

Nußtorte

Abbildung Seite 66/67

Für den Teig und die Füllung:

1 Nuß-Tortenmischung ohne Backen

90 g Margarine

½ l Milch

Zum Verzieren:

⅛ l Schlagsahne

1 TL Zucker

8-12 Walnußhälften

Tortenbodenmischung mit zerlassenem und wieder abgekühltem Fett verrühren. Auf den Boden einer mit Pergamentpapier ausgelegten Springform (24-26 cm Durchmesser) drücken. Im Kühlschrank fest werden lassen. Milch und die Füllungsmischung mit den Schneebesen des elektrischen Handrührgerätes etwa 3 Minuten auf höchster Stufe rühren. Auf den Tortenboden geben und glattstreichen. Im Kühlschrank fest werden lassen. Springformrand lösen und die Torte mit gesüßter geschlagener Sahne und Nußhälften verzieren.

TIP Mürbeteig und andere Knetteige bleiben beim Ausrollen leicht an der Arbeitsfläche oder am Teigroller kleben. Dies können Sie vermeiden, indem Sie den Teig zwischen zwei Bogen Pergamentpapier oder Klarsichtfolie ausrollen.

Festliche Zimttorte

Für den Teig:

350 g Mehl

evtl. 1 Messerspitze Backpulver

75 g Zucker

1 Prise Salz

175 g Margarine, z. B. Sanella

1 Ei

Für die Füllung:

6 Eier

¼ l Schlagsahne

300 g Zucker

1 Prise Salz

400 g gemahlene Mandeln oder Haselnüsse

80 g geriebener Zwieback

50 g feingehacktes Zitronat

1 EL Zimt

1 TL Backpulver

Für den Belag und die Verzierung:

3 EL Aprikosenkonfitüre

300 g Marzipan-Rohmasse

200 g Puderzucker

rote Back- und Speisefarbe

100 g Puderzucker

etwas Wasser

Mehl und Backpulver in eine Schüssel sieben, die restlichen Teigzutaten dazugeben und alles mit den Knethaken des elektrischen Handrührgerätes zu einem glatten Teig kneten. Den Teig auf der bemehlten Arbeitsfläche ausrollen und den Boden und Rand einer Springform (26 cm Durchmesser) damit auslegen; mit einer Gabel mehrmals einstechen und 15 Minuten im vorgeheizten Ofen vorbacken. Für die Füllung Eier und Sahne verschlagen, die übrigen Zutaten hinzufügen, alles gut verrühren und auf den Mürbeteigboden gießen. Ist der Rand zu hoch, ihn in Höhe der Füllung abschneiden. Den Kuchen in weiteren 70-80 Minuten fertigbacken. Abkühlen lassen. Die Aprikosenkonfitüre erwärmen und die Torte damit bestreichen. Die Marzipan-Rohmasse mit 200 g Puderzucker verkneten. Die Hälfte ausrollen, die Torte damit bedecken und am Rand festdrücken. 12 Stücke markieren. Aus dem restlichen Marzipan für die 12 Weihnachtsmänner 6 walnußgroße und 6 haselnußgroße Kugeln formen, 12 kleine Sterne ausstechen und 12 Röllchen für die Ski formen. Das restliche Marzipan mit Back- und Speisefarbe rot färben, ausrollen, 6 Taler (4 cm Durchmesser) ausstechen, 6 kleine Dreiecke für die Mützen ausschneiden, 12 Schuhe formen. 100 g Puderzucker mit wenig Wasser verrühren, die Weihnachtsmänner mit dem Zuckerguß zusammensetzen und verzieren. Die Torte mit den Sternen und Weihnachtsmännern garnieren.

Backzeit:

15 Minuten vorbacken

70-80 Minuten fertigbacken

Elektroherd:

200 Grad vorbacken

175 Grad fertigbacken

Gasherd:

Stufe 3 vorbacken

Stufe 2 fertigbacken

Ihr Duft ist so weihnachtlich wie ihre Verzierung: Festliche Zimttorte.

Eine köstliche Torte, die auf der Zunge zergeht. Wer könnte hier widerstehen?

Mousse-au-chocolat-Torte

Für den Teig:
- 6 Eigelb
- 125 g Zucker
- 100 g gemahlene Haselnüsse
- 1 Beutel Back-Kakao
- 6 Eiweiß

Für die Füllung:
- 3 Becher Schlagsahne (à 200 g)
- 150 g Halbbitter-Kuvertüre
- 3 Päckchen Sahnesteif
- 1 Glas (2 cl) Nußlikör
- 100 g Orangenmarmelade

Zum Verzieren:
- Raspelschokolade
- Dekor-Schoko-Borke
- evtl. Zuckerblümchen

Eigelb mit Zucker schaumig rühren. Nüsse, Back-Kakao und den steifgeschlagenen Eischnee unterziehen. In einer mit Backpapier ausgelegten Springform (26 cm Durchmesser) im vorgeheizten Ofen backen, abkühlen lassen. Sahne aufkochen, die Kuvertüre darin schmelzen und anschließend im Kühlschrank ganz kalt werden lassen. Die Masse cremig rühren und dann mit Sahnesteif sehr steif schlagen. Tortenboden mit Likör beträufeln, mit Marmelade bestreichen, Schokoladensahne darauf verteilen. Mit Raspelschokolade, Dekor-Schoko-Borke und eventuell Zuckerblümchen verzieren. Etwa 2 Stunden kalt stellen.

Backzeit: etwa 50 Minuten
Elektroherd: 180 Grad
Gasherd: Stufe 2

Buttercremetorte

Für den Teig:
- 4 Eiweiß
- 4 EL kaltes Wasser
- 200 g Zucker
- 1 Päckchen Vanillinzucker
- 4 Eigelb
- 80 g Speisestärke
- 80 g Mehl
- 1 TL Backpulver

Für die Creme:
- 1 Päckchen Vanille-Puddingpulver
- ½ l Milch
- 100 g Zucker
- 1 Päckchen Vanillinzucker
- 250 g Butter

Außerdem:
- ca. ½ Glas Konfitüre (225 g)
- geröstete Mandelblättchen
- einige Kirschen aus dem Glas

Eiweiß mit Wasser sehr steif schlagen. Zucker und Vanillinzucker unter Schlagen einrieseln lassen. Dann die Eigelb darunterziehen. Speisestärke, Mehl und Backpulver mischen, darunterheben. Biskuitmasse in eine nur am Boden gefettete Springform (26 cm Durchmesser) füllen und im vorgeheizten Backofen backen. Für die Creme Puddingpulver mit etwas Milch anrühren. Restliche Milch mit dem Zucker und Vanillinzucker aufkochen, Puddingpulver einrühren und kurz kochen lassen. Den Pudding erkalten lassen und dann eßlöffelweise unter die schaumig gerührte Butter rühren. Den erkalteten Tortenboden in drei Platten teilen. Die beiden unteren Biskuitböden zuerst mit Konfitüre und dann mit Buttercreme bestreichen (zum Verzieren etwa ein Drittel der Creme zurücklassen). Danach die Böden wieder zusammensetzen und die Torte rundherum gleichmäßig mit Creme bestreichen. Anschließend auf der Tortenoberfläche mit einem Messer die einzelnen Tortenstücke markieren. Die restliche Buttercreme in einen Spritzbeutel mit Sterntülle füllen und die Torte damit garnieren. Mit abgetropften Kirschen verzieren.

Backzeit: 35-40 Minuten
Elektroherd: 175-200 Grad
Gasherd: Stufe 2-3

Wenn Sie gerne verzieren, können Sie bei dieser Torte Ihrer Phantasie freien Lauf lassen.

Orangenberg

Abbildung Seite 46/47

Für den Teig:
100 g Margarine, z. B. Sanella
2 Eier
125 g Zucker
1 Päckchen Vanillinzucker
1 Prise Salz
100 g Mehl
1 ½ TL Backpulver
2-3 EL Schlagsahne
Außerdem:
Margarine und Paniermehl für die Form
Für den Belag:
evtl. 4 EL Aprikotbrandy
5 Blatt weiße Gelatine
3 Apfelsinen
½ l Schlagsahne
30 g Zucker
1 Päckchen Vanillinzucker
etwas abgeriebene Orangenschale, unbehandelt
Für den Guß:
⅛ l Orangensaft
40 g Zucker
½ Päckchen Tortenguß, klar
Zum Garnieren:
gehackte Pistazien

Margarine schmelzen und abkühlen lassen. Eier, Zucker, Vanillinzucker und Salz mit den Schneebesen des elektrischen Handrührgerätes schaumig rühren, dann die Margarine, das mit Backpulver vermischte Mehl und die Sahne unterrühren. Eine Springform (26 cm Durchmesser) mit Margarine ausfetten und mit Paniermehl ausstreuen. Den Teig hineinfüllen und im vorgeheizten Ofen backen, abkühlen lassen. Den Boden eventuell mit Brandy beträufeln. Gelatine einweichen. Apfelsinen schälen, in Scheiben schneiden, auf ein Sieb geben. Die Sahne mit Zucker, Vanillinzucker und etwas abgeriebener Orangenschale steif schlagen. Die Gelatine abgießen, auf schwacher Hitze auflösen, unter die Schlagsahne rühren. Einen Teil der Sahne in einen Spritzbeutel geben und den Tortenrand damit garnieren, den Rest hügelförmig auf den Boden streichen. Den Sahneberg mit Orangenscheiben belegen. Aus Orangensaft, Zucker und Tortengußpulver nach Anweisung einen Tortenguß bereiten, über die Früchte geben. Den Rand mit gehackten Pistazien garnieren.

Backzeit: 20-25 Minuten
Elektroherd: 175-200 Grad
Gasherd: Stufe 2-3

Die festliche Baumnußtorte wird mit Sahne gefüllt.

TIP Soll ein Tortenboden in Platten geteilt werden, können Sie sich die Arbeit erleichtern, indem Sie in entsprechender Höhe den Rand des Bodens rundherum mit einem spitzen Messer etwa 1-2 cm tief einschneiden, einen Bindfaden in die Rille legen und diesen kreuzweise zusammenziehen. Mit Hilfe eines Bogens Pergamentpapier können Sie die einzelnen Platten ohne Probleme abheben.

Baumnußtorte

Für den Teig:
300 g Mehl
200 g Puderzucker
200 g gemahlene Walnüsse
200 g Margarine, z. B. Sanella
Für die Füllung:
5 Blatt Gelatine
½ l Schlagsahne
3 EL Kaffeesahne
2 Päckchen Vanillinzucker
Zum Bestäuben:
Puderzucker

Mehl, Puderzucker, Walnüsse und Margarine rasch zu einem glatten Teig verkneten, mindestens 30 Minuten kalt stellen. Dann den Teig in vier Teile teilen und jedes auf Backpapier zu einer runden Platte (26 cm Durchmesser) ausrollen. Je zwei auf ein Backblech legen und im vorgeheizten Backofen goldbraun backen. Etwas abkühlen lassen, sehr vorsichtig vom Papier lösen und noch warm die Ränder glattschneiden. Auf einem Kuchengitter erkalten lassen. Für die Füllung die Gelatine einweichen. Die Sahne steif schlagen, Kaffeesahne und Vanillinzucker dazugeben. Die Gelatine abgießen, bei schwacher Hitze auflösen und unter die Schlagsahne rühren, etwas steif werden lassen. Die Tortenböden mit Sahne bestreichen und zusammensetzen, den oberen Boden frei lassen. Die Torte kalt stellen, am besten über Nacht. Mit Puderzucker überstäuben. Eventuell vorher eine Schablone auflegen, damit ein Muster entsteht.

Backzeit:
12-15 Minuten je Boden
Elektroherd: 200 Grad
Gasherd: Stufe 3

Vanillecreme-Torte

Für den Teig:

4 Eigelb

4 EL warmes Wasser

125 g Zucker

1 Prise Salz

4 Eiweiß

75 g Mehl

75 g Speisestärke

evtl. 1 Messerspitze Backpulver

Für die Füllung:

150 g Puderzucker

300 g Margarine

3 Eigelb

Mark 1 Vanilleschote

100 g Himbeerkonfitüre

Zum Verzieren:

Haselnuß-Krokant

rote Belegkirschen

Eigelb, Wasser, Zucker und Salz mit den Schneebesen des elektrischen Handrührgerätes so lange schaumig schlagen, bis eine dickcremige Masse entsteht. Das zu sehr steifem Schnee geschlagene Eiweiß daraufgeben. Mehl, Speisestärke und eventuell Backpulver mischen und auf den Eischnee geben. Alles mit dem Schneebesen vorsichtig vermengen. Eine nur am Boden gefettete Springform (26 cm Durchmesser) mit Backpapier auslegen und den Teig einfüllen. Im vorgeheizten Ofen backen. Den fertigen Tortenboden etwa 20 Minuten in der Form auskühlen lassen. Dann den Rand lösen, den Kuchen auf ein Gitter stürzen, Papier abziehen, abkühlen lassen. Für die Creme den gesiebten Puderzucker und die Margarine schaumig rühren. Nacheinander Eigelb und das Mark der Vanilleschote unterrühren. Den Tortenboden zweimal durchschneiden. Den unteren und mittleren Boden mit Konfitüre und ⅔ der Creme bestreichen. Die Torte zusammensetzen. Von der restlichen Creme etwas in einen Spritzbeutel füllen, mit dem Rest die Oberfläche und den Rand der Torte bestreichen. Den Rand mit Haselnuß-Krokant bestreuen, die Torte mit der Creme garnieren und mit Belegkirschen dekorieren.

Backzeit: etwa 30 Minuten
Elektroherd: 200 Grad
Gasherd: Stufe 3

Münchner Sterntorte

Zutaten für 20 Portionen

Für den Teig:

15 Eier

3 Eiweiß

525 g Zucker

1 TL Salz

Saft und Schale ½ Zitrone, unbehandelt

Mark 1 Vanilleschote

300 g Speisestärke

300 g Mehl

80 g Kakaopulver

150 g grob gemahlene Walnüsse

100 g Margarine oder Butter

Für die Sterne:

150 g Margarine oder Butter

40 g Puderzucker

250 g Mehl

1 Eigelb

1 EL Vanillinzucker

2 Msp. Lebkuchengewürz

je 1 Tafel Vollmilch- und Zartbitter-Schokolade

Für die Füllung:

3 Blatt Gelatine

⅛ l Eierlikör

1 EL Weinbrand

Mark von 2 Vanilleschoten

175 g Puderzucker

¾ l Schlagsahne

Eier mit Eiweiß und Zucker im Wasserbad warmschlagen (ca. 60 Grad genügen), dann wieder kaltrühren (geht am schnellsten auf Eis). Gewürzzutaten unterrühren. Speisestärke, Mehl und Kakao daraufsieben und unterheben. Zum Schluß die Nüsse und das heiße Fett untermischen. Aus diesem Teig in entsprechenden Ringen oder Springformen je einen Boden mit 28, 24, 20, 16, 12 und 8 cm Durchmesser und 3 cm Höhe backen. Oder den Teig knapp 3 cm dick auf mit Backpapier ausgelegten Blechen backen und die entsprechenden Scheiben nachträglich ausschneiden. Rest dann für ein Dessert verwenden. Für die Sterne aus den angegebenen, ziemlich kalten Zutaten einen Mürbeteig bereiten, sehr flach ausrollen (vorzugsweise auf Backpapier), kleine Sterne (maximal 3 cm) ausstechen und im vorgeheizten Ofen goldgelb backen. Je zur Hälfte mit heller und dunkler geschmolzener Schokolade überziehen. Für die Creme erst die Gelatine in kaltem Wasser einweichen und dann bei mittlerer Hitze auflösen. Mit Eierlikör, Weinbrand, dem Mark der Vanilleschoten, Pu-

Die Münchner Sterntorte macht etwas mehr Arbeit, aber großen Eindruck auf Ihre Gäste.

derzucker sowie der recht steif geschlagenen Sahne mischen – dabei kühl halten. Die Böden mit der Creme bestreichen (nicht zu dick) und aufeinandersetzen. Die restliche Creme darüberziehen. Mit den Sternen dekorieren. Die Sterntorte bis zum Anschneiden kalt stellen.

Böden:
Backzeit: 20-25 Minuten
Elektroherd: 200-225 Grad
Gasherd: Stufe 3-4

Sterne:
Backzeit: etwa 10 Minuten
Elektroherd: 190 Grad
Gasherd: Stufe 3

TIP Man kann den Biskuitteig auch in drei Partien zubereiten und je zwei Böden daraus backen, und zwar:
1) mit 28 cm und 8 cm Durchmesser, 2) mit 24 cm und 12 cm Durchmesser, 3) mit 20 cm und 16 cm Durchmesser.

Für den bunten

feine Plätzchen und

Weihnachtsteller

würzige Lebkuchen

Dänische Weihnachtskuchen

Für den Teig:
200 g Margarine
125 g Zucker
1 Ei
300 g Mehl
1 TL Backpulver
½ TL Salz
1 TL Zimt

Außerdem:
1 Eigelb zum Bestreichen
2-3 EL Hagelzucker und evtl. 30 g gehackte Pistazien zum Bestreuen
Fett für das Blech

Fett und Zucker verrühren. Ei zufügen und schaumig rühren. Mehl, Backpulver und Gewürzzutaten mischen und sieben. Die Hälfte der Mehlmischung unter den Teig rühren, Rest unterkneten. Den Teig etwa 3 Stunden im Kühlschrank ruhen lassen. Anschließend auf der bemehlten Arbeitsfläche ausrollen und runde Plätzchen ausstechen. Auf ein gefettetes Backblech legen. Mit verrührtem Eigelb bepinseln und mit Hagelzucker und evtl. mit Pistazien bestreuen. Im vorgeheizten Backofen goldgelb backen.

Backzeit: 8-10 Minuten
Elektroherd: 200 Grad
Gasherd: Stufe 3

Drei köstliche Beispiele dänischer Backkunst.

Dänische Pfefferkuchen

Für den Teig:
225 g Rübensirup
170 g Zucker
je 2½ TL Ingwerpulver und Zimt
175 g Margarine
150 ml Schlagsahne
1½ TL Natron
1 EL heißes Wasser
750 g Mehl

Außerdem:
Mehl zum Ausrollen
Fett für das Blech

Zum Verzieren:
250 g Puderzucker
3-4 EL Wasser oder Zitronensaft
rote Back- und Speisefarbe

Sirup, Zucker, Gewürze und weiches Fett mit den Schneebesen des elektrischen Handrührgerätes gut verrühren. Sahne steif schlagen, unter die Masse heben. Natron mit dem heißen Wasser verrüh-

Mürbeplätzchen

Für den Teig:
500 g Mehl
375 g Margarine oder Butter
185 g Zucker
1 Päckchen Vanillinzucker
1 Ei
Außerdem:
Fett für das Blech
50 g Haselnußblättchen zum Verzieren

Mehl in eine Schüssel sieben. Das weiche Fett, Zucker, Vanillinzucker und das Ei dazugeben und alles mit den Knethaken des elektrischen Handrührgerätes zu einem Mürbeteig verkneten. Aus dem Teig Rollen von 3 cm Durchmesser formen und etwa 30 Minuten im Kühlschrank ruhen lassen. Danach die Rollen in ½ cm dicke Scheiben schneiden. Diese auf ein gefettetes Backblech setzen. In die Mitte der Plätzchen als Verzierung Haselnußblättchen setzen und leicht andrücken. Im vorgeheizten Backofen goldgelb backen.

Backzeit: etwa 10 Minuten
Elektroherd: 200 Grad
Gasherd: Stufe 3

TIP Runde Plätzchen behalten ihre Form, wenn Sie den Teig zu Rollen formen und diese, in Alufolie eingepackt, ein paar Stunden in den Kühlschrank legen. Danach können Sie den festgewordenen Teig problemlos in Scheiben schneiden.

ren. Mit der Hälfte des Mehles unter den Teig kneten. Über Nacht zugedeckt in den Kühlschrank stellen. Am nächsten Tag das restliche Mehl unterkneten. Teig auf einer bemehlten Arbeitsfläche etwa 3 mm dick ausrollen. Herzen, Glocken oder runde Plätzchen ausstechen und auf ein gefettetes Backblech legen. Im vorgeheizten Backofen backen, dann auf einem Kuchengitter auskühlen lassen. Einen Teil der Plätzchen nach Belieben mit Zuckerglasur verzieren. Dafür Puderzucker mit so viel Wasser oder Zitronensaft verrühren, daß eine dickflüssige, spritzbare Masse entsteht. Die Hälfte davon mit Back- und Speisefarbe rot färben. Die Glasur in kleine Spritztüten aus Pergamentpapier füllen und die Plätzchen wie auf dem Foto verzieren.

Backzeit: etwa 8 Minuten
Elektroherd: 200 Grad
Gasherd: Stufe 3

Gewürztaler

Für den Teig:
125 g Honig
200 g Zucker
150 g Margarine
50 g gemahlene Mandeln
50 g feingehacktes Orangeat
200 g feine Haferflocken
250 g Mehl
1 Päckchen Pfefferkuchengewürz
1 gehäufter TL Hirschhornsalz

Außerdem:
Mehl zum Ausrollen
Fett für das Blech

Zum Bestreichen:
1 Eigelb

Zum Bestreuen:
gehackte oder ganze Nüsse oder Mandeln

Den Honig erwärmen, bis er flüssig ist. Etwas abkühlen lassen und dann die restlichen Teigzutaten (Hirschhornsalz in wenig Wasser auflösen) zufügen und alles mit den Knethaken des elektrischen Handrührgerätes gut verkneten. Etwa 1 Stunde kalt stellen. Dann den Teig auf der bemehlten Arbeitsfläche etwa ½ cm dick ausrollen. Taler oder andere Formen ausstechen und auf ein gefettetes Backblech legen. Mit verquirltem Eigelb bestreichen und mit Nüssen oder Mandeln verzieren. Im vorgeheizten Backofen backen.

Backzeit: etwa 10 Minuten
Elektroherd: 200 Grad
Gasherd: Stufe 3

Braune Kuchen

Für den Teig:

1 gehäufter TL Hirschhornsalz
1 gehäufter TL Pottasche
300 g Margarine
250 g dunkler Kuchensirup
250 g Zucker
250 g feine Haferflocken
500 g Mehl
50 g gemahlene Mandeln
1 gehäufter TL Backpulver
Saft 1 Zitrone
2 gehäufte TL Kardamom
2 TL Zimt

Außerdem:

Mehl zum Ausrollen
Fett für das Blech

Hirschhornsalz und Pottasche getrennt in etwas Wasser auflösen. Alle Zutaten für den Teig in eine Schüssel geben und mit den Knethaken des elektrischen Handrührgerätes verkneten. Den Teig etwa 1 Stunde kalt stellen, dann auf der bemehlten Arbeitsfläche möglichst dünn ausrollen und mit einem Kuchenrädchen Rechtecke oder Rhomben ausradeln, oder verschiedene Formen und Figuren ausstechen. Die braunen Kuchen auf ein gefettetes Backblech legen, im vorgeheizten Backofen backen.

Backzeit: 8-10 Minuten
Elektroherd: 200 Grad
Gasherd: Stufe 3

Knuspriges Weihnachtsgebäck mit feinen Haferflocken: Gewürztaler, braune Kuchen, Knuspersterne, Holsteiner Pfefferkuchen.

Knustersterne

Abbildung Seite 82/83

Für den Teig:

250 g feine Haferflocken

100 g Mehl

180 g Zucker

50 g gemahlene Mandeln

250 g Margarine

1 gehäufter TL Zimt

abgeriebene Schale 1 Zitrone, unbehandelt, oder 1 Beutel Citro-back

Außerdem:

Mehl zum Ausrollen

Fett für das Blech

Für die Glasur:

1 Eiweiß

1-2 EL Zitronensaft

200 g Puderzucker

oder

2 Beutel Kuchenglasur Zitrone

Etwa 50 g Haferflocken in einer Pfanne leicht anrösten und wieder erkalten lassen. Nun alle Zutaten für den Teig in eine Schüssel geben und mit den Knethaken des elektrischen Handrührgerätes gut verkneten. Im Kühlschrank etwa 1 Stunde ruhen lassen. Danach den Teig auf der bemehlten Arbeitsfläche etwa ½ cm dick ausrollen und Sterne ausstechen. Auf ein gefettetes Backblech legen und im vor-

TIP Nach Belieben können Sie die Knustersterne noch mit Schokoladenstreuseln, bunten Zuckerstreuseln oder gehobelten Mandeln bestreuen. Die Verzierung auf die noch feuchte Glasur geben, damit sie auch haftet.

geheizten Backofen backen. Nach dem Backen sofort vom Backblech lösen und dick mit Zuckerglasur bestreichen. Dafür Eiweiß, Zitronensaft und Puderzucker zu einer dickflüssigen Masse verrühren oder Zitronen-Kuchenglasur im Wasserbad auflösen.

Backzeit: 8-10 Minuten
Elektroherd: 200 Grad
Gasherd: Stufe 3

Holsteiner Pfeffernüsse

Abbildung Seite 82/83

Für den Teig:

250 g Margarine oder Butter

250 g feine Haferflocken

2 Eier

250 g Zucker

Saft und abgeriebene Schale 1 Zitrone, unbehandelt

2 gehäufte TL Kardamom

125 g gemahlene Mandeln

350 g Mehl

1 gehäufter TL Pottasche

1 gehäufter TL Hirschhornsalz

Außerdem:

Fett für das Blech

Für die Glasur:

250 g Puderzucker

2 EL Rum

1-2 EL Wasser

Das Fett mit den Haferflocken in einem Topf erhitzen, bis sie anfangen gelb zu werden, wieder abkühlen lassen. Eier und Zucker schaumig rühren und die restlichen Teigzutaten (Pottasche und Hirschhornsalz ge-

trennt voneinander in etwas Wasser aufgelöst) zufügen. Dann die Haferflocken-Fett-Mischung dazugeben und alles gut verkneten. Nun den Teig zu daumendicken Rollen formen, etwa 1 Stunde kalt stellen, dann in 2 cm dicke Scheiben schneiden. Auf ein gefettetes Backblech legen und im vorgeheizten Backofen backen. Anschließend sofort vom Blech lösen und mit Zuckerglasur bestreichen. Dafür Puderzucker mit so viel Rum und Wasser verrühren, daß eine dickflüssige Masse entsteht.

Backzeit: etwa 12 Minuten
Elektroherd: 200 Grad
Gasherd: Stufe 3

Walnußschnitten

Für den Teig:

250 g Margarine, z. B. Sanella

200 g Zucker

1 Päckchen Vanillinzucker

1 Prise Salz

4 Eier

200 g gemahlene Walnüsse

250 g Mehl

3 TL Backpulver

Außerdem:

Fett für das Blech

Für die Glasur:

250 g Puderzucker

2 TL Instant-Kaffee

3 EL Weinbrand

2-3 EL Wasser

Zum Verzieren:

30 Walnußhälften

Aus Margarine, Zucker, Vanillinzucker, Salz, Eiern, Walnüssen, Mehl und Backpulver einen Rührteig bereiten. Ein Backblech einfetten, den Teig daraufstreichen und im vorgeheizten Ofen backen. Inzwischen Puderzucker, Instant-Kaffee, Weinbrand und Wasser zu einer dickflüssigen Glasur verrühren. Den abgebackenen Kuchen noch heiß in 30 Quadrate schneiden, mit der Glasur überziehen und mit je 1 Walnußhälfte verzieren.

Backzeit: 15-20 Minuten
Elektroherd: 200 Grad
Gasherd: Stufe 3

Leobener Gewürzlebzelten

Für den Teig:
350 g Honig
150 g Zucker
250 g Weizenmehl (Type 405)
250 g Roggenmehl (Type 1370)
je 1 TL Zimt, Muskatnuß, Nelken, Koriander, jeweils gemahlen
je ¼ TL weißer Pfeffer, Macis, Ingwerpulver und Piment
180 g Margarine
Außerdem:
Mehl zum Ausrollen
Marsala oder Portwein zum Bestreichen
Für die Glasur:
250 g Puderzucker
2-3 EL Zitronensaft
1-2 EL Wasser
oder
3 Beutel Kuchenglasur Zitrone
Zum Verzieren:
100 g abgezogene, halbierte Mandeln

Honig langsam erwärmen, bis er flüssig wird. Mit den übrigen Teigzutaten zu einem Knetteig verarbeiten und diesen über Nacht ruhen lassen. Den Teig nochmals durchkneten, ½ cm dick auf der bemehlten Arbeitsfläche ausrollen und Lebkuchen in beliebigen Formen ausschneiden oder ausstechen. Dünn mit Marsala oder Portwein bepinseln. Im vorgeheizten Backofen backen, währenddessen häufig dünn mit Südwein bestreichen. Für die Glasur Puderzucker sieben und mit so viel Zitronensaft und Wasser verrühren, daß eine dickflüssige Masse entsteht, oder Kuchenglasur im Wasserbad auflösen. Die noch heißen Lebkuchen damit überziehen und sofort mit halbierten Mandeln verzieren.

Backzeit: 15-20 Minuten
Elektroherd: 175 Grad
Gasherd: Stufe 2

TIP Was Sie über das Aufbewahren von Gebäck wissen sollten: Das erkaltete Gebäck nach Sorten getrennt in Blechdosen legen, damit sich verschiedene Aromen nicht vermischen. Einzelne Lagen durch Pergamentpapier trennen. Knusprige Plätzchen gut verschlossen und trocken aufbewahren. Lebkuchen- und Honigkuchengebäcke immer kühl und feucht in geschlossenen Dosen lagern, damit sie nicht hart werden. Springerle und Baisers kühl aufbewahren und die Dose nicht ganz verschließen.

Marzipantaler

Für den Teig:
200 g Mehl
1 Messerspitze Backpulver
50 g Puderzucker
1 Ei
1 Prise Salz
Mark ½ Vanilleschote
100 Margarine oder Butter
Für die Marzipanmasse:
200 g Marzipan-Rohmasse
80 g Margarine oder Butter
20 g Mehl
1 TL Citro-back
Außerdem:
Mehl zum Ausrollen

Die Teigzutaten in eine Schüssel geben und mit den Knethaken des elektrischen Handrührgerätes zu einem glatten Teig verkneten. In Folie verpackt etwa 30 Minuten im Kühlschrank ruhen lassen. Marzipan-Rohmasse mit dem weichen Fett, dem Mehl und Citro-back verkneten und in einen Spritzbeutel mit großer Sterntülle füllen. Den Mürbeteig auf der bemehlten Arbeitsfläche dünn ausrollen, runde Plätzchen in Größe eines Fünfmarkstücks ausstechen und in dichten Abständen auf ein mit Backpapier belegtes Backblech legen. In die Mitte jeweils ein kleines Häufchen von der Marzipanmasse spritzen. Im vorgeheizten Backofen bakken. Danach vorsichtig vom Backblech lösen und auf einem Kuchengitter erkalten lassen.

Backzeit: etwa 10 Minuten
Elektroherd: 175 Grad
Gasherd: Stufe 2

Mause-Eckerl

Für den Teig:

150 g Mehl

75 g Margarine oder Butter

1 EL Schlagsahne

1 Messerspitze Backpulver

Für die Makronenmasse:

2 Eiweiß

80 g gemahlene Mandeln oder Haselnüsse

120 g Puderzucker

Außerdem:

Mehl zum Ausrollen

Fett für das Blech

Das Mehl in eine Schüssel sieben. Fett, Sahne und Backpulver dazugeben und alles mit den Knethaken des elektrischen Handrührgerätes zu einem glatten Teig verkneten. Etwa 30 Minuten im Kühlschrank ruhen lassen. Für die Makronenmasse das Eiweiß sehr steif schlagen. Mandeln oder Haselnüsse und Puderzucker vermengen und vorsichtig unter den Eischnee heben. Dann den Mürbeteig auf der bemehlten Arbeitsfläche dünn ausrollen und Dreiecke von 4 cm Seitenlänge ausradeln oder ausschneiden. Die Teigstücke auf ein gefettetes Backblech legen und auf jedes Dreieck 1 Teelöffel Schaummasse setzen. Im vorgeheizten Backofen backen.

Backzeit: 10-15 Minuten
Elektroherd: 175 Grad
Gasherd: Stufe 2

Preßburger Kipferl

Für den Teig:

300 g Mehl

1 TL Trockenbackhefe

180 g Margarine oder Butter

40 g Zucker

1 Prise Salz

4 Eigelb

Außerdem:

Mehl zum Ausrollen

Für die Füllung:

175 g Zucker

175 g gemahlene Haselnüsse

1-2 Eiweiß

Zum Bestreichen:

1 Eigelb

Mehl mit der Trockenbackhefe vermischen, die restlichen Teigzutaten mit den Knethaken des elektrischen Handrührgerätes darunterkneten. Teig auf der bemehlten Arbeitsfläche etwa ½ cm dick ausrollen, 5 x 5 cm große Quadrate ausschneiden. Für die Füllung Zucker und gemahlene Haselnüsse mit so viel Eiweiß verrühren, daß eine formbare Masse entsteht. Daraus 5 cm lange Rollen formen. Die Teigquadrate jeweils diagonal mit einer Rolle belegen, zu Dreiecken zusammenklappen und mit Eigelb bestreichen. Auf ein mit Backpapier belegtes Backblech setzen. Im vorgeheizten Backofen goldgelb backen.

Backzeit: 15-20 Minuten
Elektroherd: 200 Grad
Gasherd: Stufe 3

Gewürzsterne

Für den Teig:

220 g Mehl

100 g Zucker

je ½ TL Zimt, gemahlene Nelken und Ingwerpulver

150 g Margarine

40 g gemahlene Haselnüsse

Außerdem:

Mehl zum Ausrollen

Fett für das Blech

Zum Verzieren:

1 TL Milch

1 Eigelb

30 g gehacktes oder in Streifen geschnittenes Zitronat oder Orangeat

Mehl, Zucker, Gewürzzutaten, Fett und gemahlene Haselnüsse mit den Knethaken des elektrischen Handrührgerätes zu einem Mürbeteig verkneten. Teig etwa 30 Minuten kalt stellen. Auf der bemehlten Arbeitsfläche etwa ½ cm dick ausrollen. Sterne oder andere Figuren (Größe etwa 5 cm) ausstechen. Auf ein gefettetes oder mit Backpapier belegtes Backblech setzen. Milch und Eigelb verquirlen. Sterne damit bestreichen. Mit Zitronat oder Orangeat bestreuen. Etwas andrücken. Im vorgeheizten Backofen backen.

Backzeit: etwa 12 Minuten
Elektroherd: 200 Grad
Gasherd: Stufe 3

Traditionsreiches Gebäck aus der Tschechoslowakei. Von oben nach unten: Preßburger Kipferl, Mause-Eckerl und Gewürzsterne.

Gewürz-spekulatius

Abbildung Seite 88/89

Für den Teig:

250 g Mehl

1 TL Zimt

je ½ TL Muskat, gemahlene Nelken und Ingwerpulver

je 1 Messerspitze Kardamom und weißer Pfeffer

1 Messerspitze Backpulver

150 g Margarine

125 g Zucker

1 TL abgeriebene Zitronenschale, unbehandelt

1 Ei

Außerdem:

Mehl zum Ausrollen und für das Blech

80 g Mandelblättchen

Fett für das Blech

Vom Mehl etwa 100 g abnehmen und mit den Gewürzen mischen. Bei milder Hitze ohne Fett in einer Pfanne unter ständigem Rühren leicht anrösten, bis die Gewürze stark zu duften beginnen. Abkühlen lassen. Die Gewürzmischung mit dem restlichen Mehl und dem Backpulver mischen. Mit dem in Flöckchen geteilten Fett, dem Zucker und der Zitronenschale zu groben Streuseln verarbeiten. Das Ei verquirlen, zugeben und alles zu einem glatten Teig verkneten. Mehrere Stunden kühl stellen. Dann den Teig auf der dünn bemehlten Arbeitsfläche etwa messerrückendick ausrollen und mit Relief-Formen Figuren (Engel, Nikolaus, Tiere) ausstechen oder in flache, bemehlte Mo-

del pressen, Teig dann herausschlagen. Die Plätzchen mit der Unterseite leicht in Mandelblättchen drücken, auf ein gefettetes und dünn bemehltes Backblech setzen und goldbraun backen.

Backzeit: etwa 15 Minuten
Elektroherd: 180-200 Grad
Gasherd: Stufe 2-3

Mürbchen

Abbildung Seite 88/89

Für den Teig:

2 Eigelb

1 Prise Salz

300 g Mehl

Mark ½ Vanilleschote oder 1 Päckchen Vanillinzucker

150 g feiner Zucker

150 g Margarine oder Butter

Außerdem:

Mehl zum Ausrollen

Fett für das Blech

2 Eigelb zum Bestreichen

Eigelb mit Salz verrühren und zugedeckt etwa 1 Stunde ruhen lassen (auf diese Weise verstärkt sich der natürliche gelbe Farbton). Mehl auf die Arbeitsfläche sieben, in die Mitte eine Vertiefung drücken. Das Eigelb hineingeben, Vanillemark oder Vanillinzucker mit dem Zucker mischen und ebenfalls dazugeben. Das kalte Fett in Flöckchen auf dem Mehl verteilen. Alle Zutaten rasch zu einem glatten Teig verkneten und etwa 30 Minuten kalt stellen. Den Teig wieder durchkneten, auf bemehlter Arbeitsfläche dünn

ausrollen und verschiedene Formen ausstechen. Die Plätzchen auf ein dünn gefettetes Backblech legen und mit leicht verquirltem Eigelb bestreichen. Kurz antrocknen lassen, wieder mit Eigelb bestreichen und nochmals leicht antrocknen lassen. Dann im vorgeheizten Backofen nur hellgelb backen.

Backzeit: 10-15 Minuten
Elektroherd: 180 Grad
Gasherd: Stufe 2

Schmand-plätzchen

Abbildung Seite 88/89

Für den Teig:

100 g Margarine oder Butter

75 g Schmalz

1 Prise Salz

50 g Zucker

250 g Mehl

3-4 EL Crème fraîche

Außerdem:

Mehl zum Ausrollen

Crème fraîche zum Bestreichen

grober Zucker zum Bestreuen

Fett für das Blech

Margarine oder Butter und Schmalz mit Salz und Zucker cremig rühren. Nach und nach das Mehl und Crème fraîche unterkneten. Den Teig mindestens 30 Minuten, besser mehrere Stunden, im Kühlschrank ruhen lassen. Dann nochmals kurz durchkneten und auf bemehlter Arbeitsfläche dünn ausrollen. Verschiedene Formen ausste-

Himmlisch süß und sehr zart: Zedernbrot aus einem lockeren Mandelteig.

chen. Die Plätzchen dünn mit Crème fraîche bestreichen und mit Zucker bestreuen. Auf ein gefettetes Backblech setzen und im vorgeheizten Backofen hell abbacken.

Backzeit: 10-12 Minuten
Elektroherd: 180 Grad
Gasherd: Stufe 2

TIP Zum Überziehen von Plätzchen können Sie auch gut Kuchenglasuren verwenden, die in verschiedenen Geschmacksrichtungen angeboten werden. Dunkle Kuchenglasur enthält Kakao und hat einen schokoladigen Geschmack. Helle Kuchenglasur erhält ihr Nußaroma durch geröstete Haselnüsse. Einen fruchtig-frischen Geschmack hat Zitronen-Kuchenglasur.

Zedernbrot

Für den Teig:
2 Eiweiß
abgeriebene Schale und Saft ½ Zitrone, unbehandelt
250 g Zucker
300 g geschälte, gemahlene Mandeln

Außerdem:
Zucker zum Ausrollen
Fett für das Blech

Für die Glasur:
125 g Puderzucker
3-4 EL Zitronensaft

Das Eiweiß ganz steif schlagen, Zitronenschale und Zitronensaft zum Schluß zufügen und kurz mitschlagen. Zucker und Mandeln untermischen und einen formbaren Teig daraus kneten. Wenn der Teig zu klebrig ist, noch etwas Zucker und ge-mahlene Mandeln oder ganz wenig Mehl zufügen. In Folie gewickelt 1 Stunde im Kühlschrank ruhen lassen. Den Teig auf der gezuckerten Arbeitsfläche knapp ½ cm dick ausrollen, Halbmonde ausstechen. Die Form dabei immer wieder in Zucker tauchen, damit der Teig nicht daran kleben bleibt. Die Monde auf ein gefettetes oder mit Backpapier ausgelegtes Backblech legen. Im vorgeheizten Ofen mehr trocknen als backen. Den Puderzucker mit so viel Zitronensaft glattrühren, daß eine dickflüssige Masse entsteht. Die Monde damit bestreichen und trocknen lassen.

Backzeit: 15-20 Minuten
Elektroherd: 160 Grad
Gasherd: Stufe 1-2

Zimmet-Ringlein

Für den Teig:
280 g Mehl
1 Ei
1 Eiweiß
140 g Puderzucker
2 EL Zimt
140 g Margarine
Außerdem:
Mehl zum Ausrollen
Zum Bestreichen:
1 Eigelb
1 EL Rum

Das Mehl in eine Schüssel sieben. Das Ei und das Eiweiß dazugeben, mit etwas Mehl verrühren. Puderzucker und Zimt darübersieben. Die Margarine in Flöckchen darauf verteilen und alles rasch zu einem glatten Teig verkneten. Etwa 30 Minuten im Kühlschrank ruhen lassen. Dann den Teig auf der bemehlten Arbeitsfläche etwa ½ cm dick ausrollen. Mit zwei verschieden großen Gläsern Ringe ausstechen. Diese auf ein mit Backpapier belegtes Backblech legen. Eigelb mit Rum verrühren und die Plätzchen damit bestreichen. Im vorgeheizten Backofen backen.

Backzeit: 8-10 Minuten
Elektroherd: 200 Grad
Gasherd: Stufe 3

Braune Lebkuchen, Weiße Nürnberger Lebkuchen und Elisenlebkuchen: Sie sollten sie schon recht frühzeitig backen, damit sie ihr Aroma voll entfalten können.

Braune Lebkuchen

Abbildung links

Für den Teig:

¼ l Wasser

650 g Honig

1 TL Zimt

je 1 Messerspitze Kardamom, Muskatblüte, Muskat, Pfeffer und Nelkenpulver

350 g Weizenmehl

350 g Roggenmehl

abgeriebene Schale ½ Zitrone, unbehandelt, oder ½ Beutel Citro-back

60 g feingehacktes Zitronat

80 g feingehacktes Orangeat

1 EL Pottasche

2 EL Rosenwasser oder Kirschwasser

Außerdem:

Mehl zum Ausrollen und Ausstreuen

Fett für das Blech

evtl. Backoblaten

abgezogene Mandeln zum Verzieren

Für eine helle Zuckerglasur:

250 g Puderzucker

3-4 EL Wasser

Für eine dunkle Zuckerglasur:

250 g Puderzucker

30 g Kakao oder 3 Beutel Back-Kakao

3-4 EL heißes Wasser

25 g zerlassenes Pflanzenfett

oder

3 Beutel dunkle Kuchenglasur

Für eine Schokoladenglasur:

300 g Kuvertüre

Zum Verzieren:

Hagelzucker

gehackte Mandeln

abgezogene, halbierte Mandeln

Wasser aufkochen, Honig einrühren und schmelzen lassen, nicht kochen. Gewürze einrühren. Weizen- und Roggenmehl mischen. Zitronenschale oder Citro-back, Zitronat und Orangeat zugeben. Pottasche mit Rosenwasser oder Kirschwasser anrühren, mit dem abgekühlten Honig unter das Mehl arbeiten. Den Teig mindestens 2 Tage kühl stellen (nicht zu kalt). Dann den Teig durchkneten, bis er wieder weich und geschmeidig wird. Auf bemehlter Arbeitsfläche ausrollen und Rechtecke oder Quadrate ausschneiden. Aus den Teigresten kleinere Plätzchen in Mandel- oder Sternform ausstechen. (Man kann sie später mit etwas Zuckerguß auf die Lebkuchenstücke kleben und dann mit verschiedenen Glasuren überziehen, siehe Foto.) Die Lebkuchenstücke auf ein gefettetes, bemehltes Backblech bzw. auf Backoblaten legen und im vorgeheizten Backofen backen. Nach Belieben die Lebkuchen mit einer Glasur überziehen. Für eine helle Zuckerglasur Puderzucker mit heißem Wasser glattrühren. Die Masse muß dickflüssig sein. Die heißen Lebkuchen dünn damit bestreichen und trocknen lassen. Für eine dunkle Zuckerglasur Puderzucker und Kakao mischen und mit so viel Wasser verrühren, daß eine dickflüssige Masse entsteht. Dann das zerlassene Fett unterrühren. Verwenden Sie fertige Kuchenglasur, diese im Wasserbad schmelzen. Die heißen Lebkuchen damit überziehen. Für eine Schokoladenglasur Kuvertüre bei milder Hitze im Wasserbad auflösen und die abgekühlten Lebkuchen damit bestreichen. Die Lebkuchen wie auf dem Foto mit Hagelzucker, gehackten Mandeln, abgezogenen, halbierten Mandeln oder kleinen Lebkuchenplätzchen verzieren. Die Verzierung muß aufgebracht werden, solange die Glasur noch feucht ist. Sollen die Lebkuchen keine Glasur erhalten, können Sie sie vor dem Bakken mit abgezogenen, halbierten Mandeln und kandierten Früchten verzieren.

Backzeit: 15-20 Minuten
Elektroherd: 200 Grad
Gasherd: Stufe 3

Elisenlebkuchen

Abbildung Seite 92/93

Für den Teig:

3 Eier

250 g Zucker

abgeriebene Schale 1 Zitrone, unbehandelt, oder 1 Beutel Citro-back

1 gehäufter EL Zimt

50 g kleingewürfeltes Zitronat

50 g kleingewürfeltes Orangeat

250 g gemahlene Mandeln

1 Messerspitze Backpulver

Außerdem:

etwa 40 Oblaten (7 cm Durchmesser)

Für die Glasur:

150 g Puderzucker

3 EL heißes Wasser

oder

150 g Halbbitter-Kuvertüre

Zum Verzieren:

bunte Zuckerstreusel

Die Eier und den Zucker in eine Schüssel geben. Mit den Schneebesen des elektri-

schen Handrührgerätes auf mittlerer Stufe etwa 5 Minuten lang rühren. Die übrigen Teigzutaten unter die Schaummasse heben. Zwei Backbleche mit den Oblaten belegen. Den Teig fingerdick auf die Oblaten streichen. Über Nacht trocknen lassen. Am nächsten Tag im vorgeheizten Backofen backen. Die Elisenlebkuchen auskühlen lassen und nach Belieben mit Zuckerglasur oder Schokoladenglasur überziehen. Für die Zuckerglasur Puderzucker und Wasser glattrühren und auf die noch heißen Lebkuchen streichen. Für die Schokoladenglasur die Kuvertüre im Wasserbad erhitzen und flüssig werden lassen. Die abgekühlten Lebkuchen sofort damit überziehen. Nach Belieben mit bunten Zuckerstreuseln verzieren. Die Elisenlebkuchen gut trocknen lassen und in Blechdosen aufbewahren. Sie schmecken am besten nach zwei bis drei Wochen.

Backzeit: 20-25 Minuten
Elektroherd: 180 Grad
Gasherd: Stufe 2

Weiße Nürnberger Lebkuchen

Abbildung Seite 92/93

Für den Teig:

250 g Zucker

4 Eier

70 g feingehacktes Zitronat

70 g geschälte, gehackte Mandeln

abgeriebene Schale ½ Zitrone, unbehandelt

1 TL Vanillinzucker

je 1 Messerspitze Zimt, Piment, Muskatblüte und Kardamom

250 g Mehl

1 Messerspitze Hirschhornsalz

1 EL Kirschwasser

Außerdem:

rechteckige oder runde Backoblaten

Für die Glasur:

250 g Puderzucker

3-4 EL Wasser

Zum Verzieren:

abgezogene, halbierte Mandeln

Zucker mit Eiern schaumig rühren. Zitronat, Mandeln, Zitronenschale und Gewürze zugeben. Gesiebtes Mehl und das mit Kirschwasser verrührte Hirschhornsalz daruntermischen. Zwei Backbleche mit den Oblaten belegen, dick mit dem Teig bestreichen und über Nacht an einem warmen Platz antrocknen lassen. Die Lebkuchen im vorgeheizten Backofen bakken. Dann nach Belieben mit Zuckerglasur überziehen. Hierfür den Puderzucker mit so viel Wasser verrühren, daß eine dickflüssige Masse entsteht. Die noch heißen Lebkuchen mit der Glasur bestreichen. Sofort mit abgezogenen, halbierten Mandeln verzieren. Erhalten die Lebkuchen keine Zuckerglasur, werden sie vor dem Backen mit Mandeln verziert.

Backzeit: 15-20 Minuten
Elektroherd: 180-200 Grad
Gasherd: Stufe 2-3

Zwei Plätzchenhälften aus feinem Mandelteig werden mit Kuvertüre zusammengesetzt.

Mandelbällchen

Für den Teig:

200 g geschälte, gemahlene Mandeln

300 g Mehl

200 g Zucker

200 g zerlassene Margarine oder Butter

4 EL Orangenlikör

2 Eier

Außerdem:

Fett für das Blech

100 g dunkle Kuvertüre

Mandeln, Mehl und Zucker in einer Schüssel mischen. In die Mitte eine Vertiefung drücken, wieder abgekühlte Margarine oder Butter und den Likör dazugeben, Eier zufügen. Zuerst mit den Knethaken des elektrischen Handrührgerätes, dann mit den Händen zu einem glatten Teig verarbeiten. Kirschgroße Kugeln daraus formen. Auf ein gefettetes Backblech setzen und dabei etwas flachdrücken. Im vorgeheizten Backofen backen. Die Kuvertüre im Wasserbad auflösen. Jeweils 2 Plätzchen mit Kuvertüre zusammensetzen.

Backzeit: etwa 15 Minuten
Elektroherd: 200-220 Grad
Gasherd: Stufe 3-4

Orangenplätzchen

Für den Teig:

200 g Margarine

80 g Puderzucker

100 g Marzipan-Rohmasse

1 Päckchen Vanillinzucker

abgeriebene Schale ½ Zitrone, unbehandelt

150 g Orangeat

300 g Mehl

Außerdem:

50 g Zucker

1 Eigelb

Fett für das Blech

Das weiche Fett mit den Schneebesen des elektrischen Handrührgerätes schaumig rühren. Puderzucker, Marzipan-Rohmasse, Vanillinzucker und Zitronenschale dazugeben und weitere 2-3 Minuten rühren. Orangeat sehr klein würfeln (2 Eßlöffel davon zum Verzieren zurückbehalten) und zusammen mit dem Mehl unter die Fettmasse kneten. Den Teig in drei gleich große Stücke teilen. Jeweils zu einer Rolle von 3 cm Durchmesser formen. Auf einen flachen Teller legen und zugedeckt mindestens 3 Stunden im Kühlschrank ruhen lassen, damit der Teig schnittfest wird. Die Arbeitsfläche mit dem Zucker bestreuen. Die gekühlten Rollen mit Eigelb bestreichen und in dem Zucker wälzen. Von den Rollen jeweils 1 cm dicke Scheiben abschneiden und auf ein gefettetes Backblech legen. Im vorgeheizten Backofen 10 Minuten backen. Das Blech kurz herausnehmen. Die Plätzchen mit dem zurückbehaltenen Orangeat bestreuen und weitere 5 Minuten backen.

Backzeit: etwa 15 Minuten
Elektroherd: 190 Grad
Gasherd: Stufe 3

Vanillebrezeln

Für den Teig:

270 g Mehl

100 g Zucker

1 EL Milch

100 g Margarine oder Butter

1 Päckchen Vanillinzucker

½ Fläschchen Butter-Vanille-Backaroma

1 Messerspitze Backpulver

Außerdem:

Mehl zum Ausrollen

Fett für das Blech

Für die Glasur:

125 g Puderzucker

1 EL heißes Wasser

1-2 EL Rum

Das Mehl in eine Schüssel sieben. Die übrigen Teigzutaten dazugeben und alles mit den Knethaken des elektrischen Handrührgerätes 2-3 Minuten gut durchkneten. Anschließend auf der bemehlten Arbeitsfläche mit den Händen zu einem geschmeidigen Teig verarbeiten. 2 Stunden im Kühlschrank ruhen lassen. Den Teig in zwei gleich große Stücke teilen. Daraus jeweils eine Rolle formen, die ungefähr den Durchmesser eines Fünfmarkstücks hat. Von der Rolle 1 cm dicke Scheiben abschneiden. Diese zu 15 cm langen Rollen drehen und Brezeln daraus formen. Auf ein gefettetes Backblech legen und im vorgeheizten Backofen backen. Auf einem Kuchengitter abkühlen lassen. Für die Glasur den Puderzucker mit so viel Wasser und Rum verrühren, daß eine dickflüssige Masse entsteht. Die Brezeln mit der Glasur bestreichen und gut trocknen lassen.

Backzeit: etwa 12 Minuten
Elektroherd: 180 Grad
Gasherd: Stufe 2

TIP Butter- und Mürbegebäck sollten Sie nicht zu lange aufbewahren. Am besten backen Sie es erst einige Tage vor dem Fest bzw. vor dem Verzehr (denn Sie werden ja bestimmt schon vorher tüchtig naschen und lieber noch einmal nachbacken). Damit sich die Arbeit kurz vor Heiligabend aber in Grenzen hält, können Sie den Teig schon vorher zubereiten und einfrieren; er hält sich tiefgefroren etwa acht Wochen.

Sie schmecken herrlich aromatisch: Knusprige Orangenplätzchen aus einem feinen Marzipanteig und zartmürbe Vanillebrezeln mit einer Zucker-Rum-Glasur.

Margarine ist heute das meistverwendete streichbare Nahrungsfett in der Welt. Ihre führende Rolle unter allen Nahrungsfetten erklärt sich nicht zuletzt daraus, daß die Verwendungsmöglichkeiten von Margarine so groß und vielfältig sind. Sie reichen vom Brotaufstrich übers Backen, Braten, Dünsten bis zur Herstellung von Cremes für Kuchen und Torten.

Margarine ist ein Emulsionsfett, d.h. eine Verbindung aus Fett und Wasser, wobei der Mindestfettgehalt 80 % beträgt. Das Wasser ist im Fett in feinsten Tröpfchen verteilt. Margarine wird heute überwiegend aus pflanzlichen Rohstoffen erzeugt, hierzu zählen vor allem die Sojabohne, Sonnenblume, Erdnuß, Kokospalme, Ölpalme und der Raps.

Aus der modernen Ernährung ist Margarine heute nicht mehr wegzudenken. Sie hat, was für unsere Ernährung besonders wichtig ist: lebensnotwendige Pflanzenwirkstoffe mit Vitamin-Charakter, die sogenannten mehrfach ungesättigten Fettsäuren. Obwohl dies für alle Margarine-Sorten gilt, bestimmt eine ungeheure Markenvielfalt das Angebot. Orientiert an den unterschiedlichen Wünschen der Verbraucher, beispielsweise in bezug auf Geschmack,

Aussehen, Konsistenz und Verwendungszweck, sind die jeweiligen Marken dem Bedarf entsprechend entwickelt.

Margarine-Sorten mit einem sehr hohen Gehalt an mehrfach ungesättigten Fettsäuren sind ernährungsphysiologisch besonders empfehlenswert. Aufgrund ihrer speziel-

Margarine – ein Fett nach Maß

len Zusammensetzung sind sie im Rahmen einer gesunden Ernährung geeignet, Herz- und Kreislauferkrankungen entgegenzuwirken. Durch Komposition von Fetten mit unterschiedlichem Schmelzpunkt erhält Margarine ihre gute Streichfähigkeit, die vom Verbraucher sehr geschätzt wird, insbesondere bei der Verwendung als Brotaufstrich.

Einige Margarine-Sorten eignen sich besonders zum Kochen, Braten und Backen. Durch die Zusammenstellung von speziellen Ölen sind sie relativ hoch erhitzbar, ohne dunkel zu werden oder in der Pfanne zu spritzen, und runden den Geschmack warmer Speisen ab.

Auch beim Backen spielt Margarine eine wichtige Rolle. So wird für über 80 % der selbstgebackenen Kuchen, Plätzchen und Torten Margarine verwendet. Ihre Vorteile beim Backen sind eindeutig:

● Margarine gibt es in unterschiedlicher Konsistenz. Margarine im Becher ist für alle gerührten Teige sehr zu empfehlen, weil sie weich und leicht zu verrühren ist. Für alle Knetteige, vor allem die mit hohem Fettanteil, empfiehlt sich die Verwendung von Würfel- oder Stangenmargarine. Durch ihre etwas festere Konsistenz entsteht ein Teig, der geschmeidig ist, aber nicht klebt.

● Margarine kann zum Backen direkt aus dem Kühlschrank verwendet werden.

● Hefeteig bleibt durch Margarine länger saftig, denn sie verlangsamt das Austrocknen.

● Margarine bleibt lange frisch, auch im verarbeiteten Zustand – ein wichtiger Aspekt bei der Weihnachtsbäckerei. Mit dem Backen von Plätzchen kann deshalb schon früh begonnen werden. Gut ausgekühlt und in Dosen verpackt, bleiben sie köstlich frisch und werden nicht ranzig.

● Margarine ist preiswert.

Mürbeteigtörtchen mit einer saftigen Füllung aus Äpfeln, Sultaninen und Korinthen.

Gefüllte Mürbeteigtörtchen

Abbildung Seite 99

Für den Teig:
500 g Mehl
150 g Zucker
1 Prise Salz
300 g Margarine, z. B. Sanella
2 Eier
Für die Füllung:
250 g Äpfel
175 g Sultaninen
75 g Korinthen
30 g Margarine, z. B. Sanella
75 g brauner Zucker
1 TL Zimt
½ TL gemahlene Nelken
½ TL Muskat
knapp ⅛ l (100 ml) Weinbrand
Saft und Schale 1 Zitrone, unbehandelt
Außerdem:
Mehl zum Ausrollen
Fett für das Blech
Eiweiß zum Bestreichen
Puderzucker zum Bestäuben

Mehl in eine Schüssel sieben. Zucker, Salz, Margarine und die Eier dazugeben und alles mit den Knethaken des elektrischen Handrührgerätes zu einem glatten Teig verkneten. Etwa 30 Minuten im Kühlschrank ruhen lassen. Für die Füllung die Äpfel schälen, vierteln, Kerngehäuse entfernen, kleinhakken, mit den übrigen Zutaten bei schwacher Hitze etwa 30 Minuten leicht köcheln, hin und wieder umrühren, abkühlen lassen. Den Teig auf der bemehlten Arbeitsfläche ausrollen, Plätzchen von 7-8 cm Durchmesser ausstechen. Die Hälfte davon auf ein gefettetes Backblech legen und je 1-2 Teelöffel Füllung in die Mitte geben. Den Rand mit Eiweiß bestreichen. Aus den übrigen Plätzchen in der Mitte kleine Sterne ausstechen und als Deckel auf die Plätzchen mit Füllung legen, leicht andrükken. Die Plätzchen mit Eiweiß bepinseln und im vorgeheizten Ofen backen. Mit Puderzucker bestäuben.

Backzeit: etwa 25 Minuten
Elektroherd: 200-225 Grad
Gasherd: Stufe 3-4

Grahamplätzchen

Für den Teig:
300 g Grahammehl
¼ TL Backpulver
½ TL Zimt
1 Prise Salz
abgeriebene Zitronenschale, unbehandelt
150 g brauner Zucker
100 g gemahlene Mandeln
175 g Margarine, z. B. Sanella
2 Eier
1 Eiweiß
1 EL Zitronensaft
Außerdem:
Mehl zum Ausrollen
Zum Bestreichen:
1 Eigelb
etwas Wasser
Zum Bestreuen:
brauner Zucker

Mehl, Backpulver, Zimt, Salz und Zitronenschale mischen, mit den restlichen Teigzutaten zu einem glatten Teig verkneten, etwa 30 Minuten im Kühlschrank ruhen lassen. Dann den Teig auf bemehlter Arbeitsfläche ausrollen, beliebige Formen ausstechen und die Plätzchen auf ein mit Backpapier ausgelegtes Backblech legen. Eigelb mit wenig Wasser verrühren, die Plätzchen damit bestreichen und mit braunem Zukker bestreuen. Im vorgeheizten Ofen backen.

Backzeit: 15-20 Minuten
Elektroherd: 200 Grad
Gasherd: Stufe 3

Grahamplätzchen und Nußecken sind ein Genuß, den Sie sich nicht entgehen lassen sollten.

Nußecken

Für den Teig:
125 g Weizenmehl Type 550
125 g Weizenmehl Type 1050
70 g brauner Zucker
1 Prise Salz
125 g Margarine, z. B. Sanella
1 Ei

Außerdem:
Fett für das Blech
½ Glas Aprikosenkonfitüre zum Bestreichen

Für den Belag:
125 g Margarine, z. B. Sanella
100 g brauner Zucker
3 EL Wasser
300 g gehackte Haselnüsse

Zum Verzieren:
150 g Kuvertüre

Aus Mehl, Zucker, Salz, Margarine und dem Ei mit den Knethaken des elektrischen Handrührgerätes einen Mürbeteig bereiten, etwa 30 Minuten kalt stellen. Dann den Teig etwa 20 x 30 cm groß auf einem gefetteten Blech ausrollen, die Oberfläche dünn mit Aprikosenkonfitüre bestreichen. Für den Belag Margarine, Zucker und Wasser aufkochen, die Nüsse unterrühren, etwas abkühlen lassen. Die Nußmasse über die Konfitüre streichen, im vorgeheizten Ofen bakken. Die Kuchenplatte in Dreiecke schneiden, abkühlen lassen und jeweils bis zur Hälfte in geschmolzene Kuvertüre tauchen.

Backzeit: 15-20 Minuten
Elektroherd: 200 Grad
Gasherd: Stufe 3

Baumkuchen-spitzen

Für den Teig:

250 g Margarine, z. B. Sanella
250 g Zucker
2 Päckchen Vanillinzucker
5 Eier
100 g Mehl
100 g Speisestärke
100 g gemahlene Mandeln
1 Messerspitze Kardamom
1 Messerspitze Zimt

Für die Glasur:

400 g Halbbitter-Kuvertüre

Margarine, Zucker, Vanillin-zucker und Eier mit den Knethaken des elektrischen Handrührgerätes schaumig rühren. Mehl, Speisestärke, Mandeln und Gewürze mischen und unterrühren. Ein halbes Backblech mit Backpapier belegen und zu einem 40 x 22 cm großen Rechteck mit etwa 3 cm hohem Rand kniffen. Die Ecken mit Büroklammern zusammenstecken. Ein Sechstel der Teigmenge dünn darauf verstreichen. Unter dem vorgeheizten Grill, bzw. bei 250 Grad Oberhitze (Gasherd Stufe 5), etwa 2 Minuten backen. Eine weitere Teigschicht auftragen und backen. Die 4 weiteren Schichten ebenso backen. Von dem fertigen Kuchen die Papierränder lösen. Das Gebäck noch warm in Dreiecke schneiden (zuerst Quadrate von 4 x 4 cm schneiden, diagonal halbieren), abkühlen lassen. Kuvertüre im Wasserbad auflösen. Die Baumkuchenecken auf eine Gabel – am besten eine Pellkartoffelgabel – stecken und in die Kuvertüre tauchen. Auf einem Kuchengitter fest werden lassen.

Backzeit:
insgesamt 12-15 Minuten
Statt Grill:
Elektroherd:
250 Grad Oberhitze
Gasherd:
Stufe 5 Oberhitze

Hietzinger Plätzchen

Für den Teig:

250 g Mehl
2 EL Kakao
125 g Zucker
1 Prise Salz
150 g Margarine, z. B. Sanella
1 Ei
50 g ganze Mandeln oder Mandelstifte

Außerdem:

Fett für das Blech

Mehl, Kakao, Zucker, Salz, Margarine und das Ei zu einem glatten Teig verkneten. Mandeln hinzufügen und unterkneten. Aus dem Teig eine 4 cm dicke Rolle formen, in Alufolie einwickeln und über Nacht kalt stellen oder etwa 2 Stunden tiefkühlen. Dann den Teig in 3-4 mm dicke Scheiben schneiden und die Plätzchen auf ein gefettetes Backblech legen. Im vorgeheizten Ofen backen.

Backzeit: 5-7 Minuten
Elektroherd: 200 Grad
Gasherd: Stufe 3

Duchesses

Für den Teig:

50 g Margarine, z. B. Sanella
6 Eiweiß
250 g Puderzucker
200 g gemahlene Mandeln
150 g gemahlene Haselnüsse

Für die Füllung:

gut ⅛ l (150 ml) Schlagsahne
150 g Schokolade
2 EL Puderzucker

Margarine schmelzen und wieder abkühlen lassen. Eiweiß zu sehr steifem Schnee schlagen, nach und nach den Puderzucker darunterschlagen. Nacheinander die noch flüssige Margarine, Mandeln und Haselnüsse vorsichtig unter den Eischnee ziehen. Den Teig in einen Spritzbeutel mit weiter Sterntülle geben und kleine Häufchen auf ein mit Backpapier belegtes Backblech spritzen, oder mit zwei Teelöffeln kleine Häufchen daraufsetzen. Im vorgeheizten Ofen backen. Für die Füllung die Sahne steif schlagen. Schokolade im Wasserbad schmelzen und mit dem Puderzucker unter die Schlagsahne ziehen. Die Creme im Kühlschrank fest werden lassen. Je zwei Plätzchen damit zusammensetzen. Kühl aufbewahren.

Backzeit: 15-20 Minuten
Elektroherd: 175 Grad
Gasherd: Stufe 2

Oben: Duchesses, Hietzinger Plätzchen – unten: Küchle mit Makronenhaube, Baumkuchenspitzen.

Küchle mit Makronenhaube

Für den Mürbeteig:
225 g Mehl
100 g Puderzucker
100 g Margarine, z. B. Sanella
Mark 1 Vanilleschote
3 Eigelb

Für die Makronenmasse:
3 Eiweiß
150 g Zucker
175 g abgezogene, gemahlene Mandeln
1 gehäufter TL Zimt

Außerdem:
Mehl zum Ausrollen
Fett für das Blech

Aus Mehl, Puderzucker, Margarine, Vanillemark und Eigelb einen Mürbeteig kneten, 30 Minuten kalt stellen. Für die Makronenmasse das Eiweiß steif schlagen, den Zucker darunterschlagen, Mandeln und Zimt zufügen. Den Teig auf der bemehlten Arbeitsfläche messerrückendick zu einem Rechteck ausrollen, zuerst in 4 cm breite Streifen, dann in Rhomben schneiden. Auf ein gefettetes Backblech legen. Makronenmasse in einen Spritzbeutel mit glatter Tülle füllen und auf die Plätzchen eine Spirale spritzen. Im vorgeheizten Ofen backen.

Backzeit: etwa 20 Minuten
Elektroherd: 175-200 Grad
Gasherd: Stufe 2-3

Ob gefüllt oder ungefüllt, die Brabanzerl schmecken einfach vorzüglich.

Brabanzerl

Für den Teig:
50 g Zartbitterschokolade
175 g Mehl
50 g Zucker
1 Prise Salz
50 g gemahlene Mandeln
125 g Margarine, z. B. Sanella
Außerdem:
Mehl zum Ausrollen
Fett für das Blech
Zum Bestreichen:
Johannisbeergelee
Für die Glasur:
75 g Zartbitterschokolade
10 g Pflanzenfett
Zum Verzieren:
halbierte Mandeln

Schokolade in Stücke brechen, mit kochendem Wasser übergießen. Nach etwa 1 Minute Wasser wieder abgießen. Mehl, Zucker, Salz, Mandeln, Margarine und aufgelöste Schokolade vermengen und rasch zu einem glatten Teig verkneten. Über Nacht kalt stellen. Den Teig auf der bemehlten Arbeitsfläche in mehreren Partien 3 mm dick ausrollen – den restlichen Teig wieder kalt stellen – und kleine runde Plätzchen ausstechen. Auf ein gefettetes Backblech legen und nochmals kalt stellen. Im vorgeheizten Ofen backen. Noch warm jeweils 2 Plätzchen mit Johannisbeergelee zusammensetzen, abkühlen lassen. Für die Glasur Schokolade und Fett schmelzen. Die Plätzchen damit bestreichen. Mit Mandelhälften verzieren.

Backzeit: 5-7 Minuten
Elektroherd: 200 Grad
Gasherd: Stufe 3

TIP Man kann die Plätzchen auch einzeln, ohne Füllung, mit Nußnougat oder Vollmilch- bzw. Halbbitter-Kuvertüre verzieren.

Rumkränzchen

Für den Teig:
300 g Mehl
1 Prise Salz
100 g Zucker
200 g Margarine, z. B. Sanella
2 EL Rum

Außerdem:
Mehl zum Ausrollen
Fett für das Blech
1 Ei zum Bestreichen
20 g gehackte Mandeln zum Bestreuen

Mehl, Salz, Zucker, Margarine und Rum in eine Schüssel geben und alles mit den Knethaken des elektrischen Handrührgerätes zu einem glatten Teig verkneten. Mindestens 60 Minuten kalt stellen. Auf der bemehlten Arbeitsfläche dünne Rollen von etwa 12 cm Länge formen. Je zwei Rollen kordelartig zusammendrehen und zu einem Kränzchen zusammenlegen. Auf ein gefettetes Backblech geben, mit verschlagenem Ei bestreichen und mit wenig gehackten Mandeln bestreuen. Im vorgeheizten Ofen goldgelb bakken.

Backzeit: 12-14 Minuten
Elektroherd: 200-225 Grad
Gasherd: Stufe 3-4

Lübecker Plätzchen

Für den Teig:
200 g Mehl
75 g Puderzucker
100 g Margarine, z. B. Sanella
3 Eigelb

Für die Füllung:
10 g eingelegter Ingwer
1 EL Ingwersirup
100 g Marzipan-Rohmasse

Außerdem:
Mehl zum Ausrollen
Fett für das Blech
1 Eiweiß
1 Eigelb
2 TL Wasser
Hagelzucker

Mehl, Puderzucker und Margarine auf die Arbeitsfläche geben. Mit dem Pfannenmesser durchhacken. Eigelb zufügen und alles schnell zu einem glatten Teig verkneten. Etwa 2 Stunden im Kühlschrank ruhen lassen. Ingwer reiben und mit Ingwersirup unter die Marzipan-Rohmasse rühren. Den Teig auf der bemehlten Arbeitsfläche ausrollen und Plätzchen von 5-6 cm Durchmesser ausstechen. Die Hälfte der Plätzchen auf ein gefettetes Backblech legen. Die Marzipanfüllung so daraufgeben, daß ein Rand freibleibt. Diesen mit Eiweiß bepinseln. Jeweils ein zweites Plätzchen daraufsetzen und am Rand etwas festdrücken. Das Eigelb mit Wasser verrühren, die Plätzchen damit bestreichen und mit Hagelzucker bestreuen. Im vorgeheizten Backofen backen.

Die Plätzchen vom Backblech lösen und auf einem Kuchengitter auskühlen lassen.

Backzeit: etwa 10 Minuten
Elektroherd: 225 Grad
Gasherd: Stufe 4

Haferplätzchen

Für den Teig:
250 g Margarine, z.B. Sanella
1 Beutel Orange-back
175 g Zucker
1 Ei
je 1 TL Zimt und Ingwerpulver
1 Messerspitze Kardamom
200 g feine Haferflocken
100 g gemahlene Haselnüsse
100 g Mehl

Zum Verzieren:
1-2 Beutel Kuchenglasur Zitrone
bunte Zuckerstreusel

Margarine, Orange-back, Zucker und das Ei schaumig rühren. Gewürze, Haferflocken und Nüsse hinzufügen und alles gut vermischen. Zum Schluß das Mehl unterkneten. Den Teig etwa 30 Minuten kalt stellen. Danach ½ cm dick ausrollen. Beliebige Formen ausstechen, auf ein mit Backpapier belegtes Backblech legen und im vorgeheizten Backofen backen. Auf einem Kuchengitter erkalten lassen. Kuchenglasur im Wasserbad schmelzen, die Plätzchen damit überziehen und mit Zuckerstreuseln bestreuen.

Backzeit: 10-12 Minuten
Elektroherd: 200 Grad
Gasherd: Stufe 3

Zitronenbrezeln

Für den Teig:
2 Eigelb
100 g Zucker
125 g Margarine
Saft und Schale ½ Zitrone, unbehandelt
200 g Mehl
50 g Speisestärke
50 g feingehacktes Zitronat
Zum Verzieren:
1 Eiweiß
50 g feingehacktes Zitronat

Eigelb und Zucker schaumig rühren. Nach und nach das Fett in Flöckchen, Zitronensaft und -schale, das mit Speisestärke vermischte Mehl und das feingehackte Zitronat dazugeben. Den Teig gut verkneten und etwa 30 Minuten im Kühlschrank ruhen lassen. Portionsweise dünne Rollen formen, in 12 cm lange Stücke schneiden und daraus Brezeln formen, auf ein gefettetes Backblech legen. Mit verschlagenem Eiweiß bepinseln und mit feingehacktem Zitronat bestreuen. Im vorgeheizten Backofen backen.

Backzeit: etwa 10 Minuten
Elektroherd: 175-200 Grad
Gasherd: Stufe 2-3

Eine Auswahl schweizerischer Spezialitäten – von links nach rechts: Zitronenbrezeln, Trümpfchen (oben), Mailänderli (unten) und Schweizer Batzen.

Schweizer Batzen

Abbildung Seite 106/107

Für den Teig:

300 g ungeschälte Mandeln

3 Eiweiß

300 g Zucker

1 TL Zimt

abgeriebene Schale

1/2 Zitrone, unbehandelt

Zum Verzieren:

40 g Mandelblättchen

Die Mandeln fein mahlen. Eiweiß halb steif schlagen, dann nach und nach den Zucker einrieseln lassen und so lange schlagen, bis der Schaum fest ist. Mandeln mit den Gewürzzutaten mischen und vorsichtig unter die Schaummasse heben. Mit zwei in Wasser getauchten Teelöffeln Makronen formen und auf ein mit Backpapier belegtes Backblech setzen. Mit Mandelblättchen bestreuen. Im vorgeheizten Backofen mehr trocknen als backen.

Backzeit: etwa 20 Minuten
Elektroherd: 150 Grad
Gasherd: Stufe 1

TIP Wenn Eiweiß zu Schnee geschlagen werden soll, dürfen sich keine Eigelbreste im Eiweiß befinden, sonst wird der Eischnee nicht steif. Die Eier also sorgfältig trennen. Geben Sie eine Prise Salz und etwas Zitronensaft zum Eiweiß, wird der Eischnee schneller steif. Die verwendeten Eier sollten gut gekühlt sein.

Trümpfchen

Abbildung Seite 106/107

Für den Teig:

250 g Mehl

100 g Puderzucker

200 g gemahlene Mandeln

1 Päckchen Vanillinzucker

1 TL Zimt

je 1 Messerspitze gemahlene Nelken, Muskat und Salz

abgeriebene Schale 1 Zitrone, unbehandelt, oder 1 Beutel Citro-back

150 g Margarine oder Butter

1 Ei

2 EL Milch

Außerdem:

Mehl zum Ausrollen

1 Eiweiß zum Bestreichen

80 g geschälte, halbierte Mandeln zum Verzieren

Mehl in eine Schüssel sieben, Puderzucker, Mandeln, Gewürzzutaten, Fett, Ei und Milch dazugeben und alles mit den Knethaken des elektrischen Handrührgerätes zu einem glatten Teig verkneten. 30 Minuten kalt stellen. Den Teig auf der bemehlten Arbeitsfläche ausrollen. 5 x 7 cm große Rechtecke ausschneiden und auf ein mit Backpapier belegtes Backblech legen. Mit leicht verschlagenem Eiweiß bepinseln und mit halbierten Mandeln verzieren. Im vorgeheizten Backofen backen.

Backzeit: etwa 10 Minuten
Elektroherd: 200 Grad
Gasherd: Stufe 3

Mailänderli

Abbildung Seite 106/107

Für den Teig:

500 g Mehl

150 g Zucker

250 g Margarine oder Butter

2 Eier

2 EL Schlagsahne

1 Prise Salz

Außerdem:

Mehl zum Ausrollen

1 Eigelb und

1 EL Milch zum Bestreichen

40 g gehackte Pistazien zum Bestreuen

Fett für das Blech

Das Mehl in eine Schüssel sieben. Zucker, Fett, Eier, Sahne und Salz dazugeben und alles mit den Knethaken des elektrischen Handrührgerätes zu einem Mürbeteig verarbeiten. Etwa 30 Minuten kalt stellen. Den Teig auf der bemehlten Arbeitsfläche dünn ausrollen. Verschiedene Formen, wie z. B. Glocken, Sterne, Herzen usw., ausstechen, auf ein gefettetes Backblech legen und mit Eigelbmilch bestreichen. Mit gehackten Pistazien bestreuen. Im vorgeheizten Backofen goldgelb backen.

Backzeit: 8-10 Minuten
Elektroherd: 200 Grad
Gasherd: Stufe 3

Würzige Mandellebkuchen – ein Weihnachtsteller ohne sie wäre ganz undenkbar.

Mandellebkuchen

Für den Teig:
250 g Honig
250 g Zucker
75 g Margarine
2 Schnapsgläser (4 cl) Rosenwasser
1 EL Pottasche
400 g Mehl
200 g gemahlene Mandeln
½ TL gemahlene Nelken
1 TL Zimt
1 Prise Kardamom
nach Belieben 75 g feingehacktes Zitronat

Außerdem:
Mehl zum Ausrollen
Fett für das Blech

Für die Glasur:
⅛ l Wasser
125 g Zucker
etwa 100 abgezogene, halbierte Mandeln

Honig, Zucker und Fett in einem Topf erhitzen, bis sich der Zucker aufgelöst hat. Etwas abkühlen lassen. In einem Teil des Rosenwassers die Pottasche auflösen. Mehl, Mandeln, die Gewürze, angerührte Pottasche, das restliche Rosenwasser und evtl. Zitronat mit den Knethaken des elektrischen Handrührgerätes darunterarbeiten. In Folie gewickelt über Nacht, besser noch zwei Tage, an einem kühlen Ort ruhen lassen. Den Teig auf der bemehlten Arbeitsfläche ½ cm dick ausrollen. In Rauten von etwa 4 cm Kantenlänge oder in Rechtecke schneiden und auf einem gefetteten Backblech im vorgeheizten Ofen backen. Für die Glasur Wasser und Zucker 10 Minuten kochen. Die heißen Lebkuchen damit bestreichen und sofort mit halbierten Mandeln verzieren.

Backzeit: 15-20 Minuten
Elektroherd: 180 Grad
Gasherd: Stufe 2

Lemoni-Zeltl

Für den Teig:
280 g Puderzucker
abgeriebene Schale 1 Zitrone, unbehandelt
3-4 EL Zitronensaft
140 g feingemahlene Mandeln
70 g Mehl
2 Eiweiß
Außerdem:
80 kleine runde Oblaten

Puderzucker mit Zitronenschale und –saft mischen, gemahlene Mandeln unterrühren, das Mehl dazusieben und ebenfalls unterrühren. Zum Schluß den sehr steif geschlagenen Eischnee unterheben. Oblaten dicht an dicht auf Backblechen auslegen und von dem Teig jeweils ein haselnußgroßes Häufchen auf eine Oblate setzen. Im vorgeheizten Backofen backen.

Backzeit: etwa 15 Minuten
Elektroherd: 175 Grad
Gasherd: Stufe 2

TIP Die erkalteten Plätzchen in Alufolie oder Blechdosen verpacken und mindestens eine Woche liegenlassen, damit sie mürbe werden und ihr Aroma voll entfalten können.

Rezepte von anno dazumal. Von oben nach unten: Aniskräpfel, Lebzelten mit Zimmet – einmal rund, einmal länglich geformt –, Lemoni-Zeltl, Falsche Butterbrote und Marzipanherzen.

Aniskräpfel

Für die Eiweißmasse:
1 EL Anissamen
3 EL Zucker
4 Eiweiß
1 EL Anislikör
200 g Zucker
Außerdem:
etwa 40 rechteckige Oblaten

Anissamen im Mörser zerdrücken oder mit dem Wiegemesser zerkleinern. Mit 3 Eßlöffeln Zucker in einer Pfanne leicht anrösten, auskühlen lassen und fein zerstoßen. Eiweiß mit den Schneebesen des elektrischen Handrührgerätes zu sehr steifem Schnee schlagen. Nach und nach abwechselnd Anislikör und Zucker zugeben. Rechteckige Oblaten mit der Eischneemasse bestreichen, mit dem Aniszucker bestreuen. Im Backofen bei schwacher Hitze mehr trocknen als backen.

Backzeit: 60-70 Minuten
Elektroherd: 140-150 Grad
Gasherd: Stufe 1

Marzipanherzen

Für die Marzipanmasse:
200 g Marzipan-Rohmasse
150 g Puderzucker
1-2 TL Kirschwasser
etwas Puderzucker zum Ausrollen
Für die Füllung:
3-4 EL Johannisbeergelee
50 g Puderzucker

Die Marzipan-Rohmasse mit dem Puderzucker und dem Kirschwasser gut verkneten. Zwei Drittel des Marzipans etwa 1 cm dick auf einer mit Puderzucker bestreuten Arbeitsfläche ausrollen und Herzen ausstechen. Für die Umrandung aus dem Rest des Teiges dünne Rollen formen und diese fest auf den Rand der Herzen drücken. Mit einem Messerrücken oder mit einer Stricknadel Kerben zur Verzierung in den Rand prägen. Für die Füllung das Gelee leicht erwärmen und mit dem Puderzucker verrühren. In jedes Herz etwas von der Füllmasse geben. Die Herzen müssen 1-2 Tage an der Luft trocknen, dann können sie eng nebeneinanderliegend in einer flachen Dose aufbewahrt werden. Als Zwischenlage vorzugsweise Pergamentpapier nehmen.

TIP Sie können die Marzipanherzen auch für ½ Minute dicht unter den Grill schieben, damit die Oberfläche leicht karamelisiert. Dadurch entsteht ein ganz besonderer Geschmack. Nach Belieben kann man die Ränder der Herzen noch zusätzlich mit einer glühenden Nadel, die in kleinen Abständen eingedrückt wird, verzieren und bräunen.

Lebzelten mit Zimmet

Abbildung Seite 110/111

Für den Teig:

180 g Mandeln

180 g Rohrzucker

3 Eiweiß

1 EL Zimt

50 g Zitronat

etwa 40 rechteckige Oblaten, auf 6 x 2 cm zurechtgeschnitten oder kleinere runde Oblaten

Für die Glasur:

100 g Puderzucker

1-2 EL Zitronensaft

oder

1 Beutel Kuchenglasur Zitrone

Mandeln überbrühen, kurz ziehen lassen, mit kaltem Wasser abschrecken, Haut abziehen, fein mahlen. Den Zucker in einem Topf schmelzen, die gemahlenen Mandeln dazurühren und so lange weiter erhitzen, bis die Masse dick wird. Inzwischen Eiweiß sehr steif schlagen. Den Zimt und das sehr fein geschnittene Zitronat unter die warme Mandel-Zuckermasse geben. Alles vorsichtig unter den Eischnee rühren. Auf jede Oblate 1 gehäuften Teelöffel Teig setzen und mit einem in Wasser getauchten Messer gleichmäßig glattstreichen. Auf ein Backblech setzen und bei schwacher Hitze im vorgeheizten Backofen mehr trocknen als backen, bis die Lebzelten ein wenig aufgegangen sind und die Oberfläche matt glänzt. Nach dem Backen auf einem Kuchengitter abkühlen lassen. Die Lebzelten danach mit einer Glasur aus mit Zitronensaft verrührtem Puderzucker oder fertiger Zuckerglasur bestreichen.

Backzeit: 25-30 Minuten
Elektroherd: 130-150 Grad
Gasherd: Stufe 1

Falsches Butterbrot

Abbildung Seite 110/111

Für den Teig:

160 g Margarine oder Butter

280 g Zucker

2 Eier

250 g geriebene Schokolade oder 250 g Raspelschokolade

250 g gemahlene Mandeln oder Haselnüsse

250 g Mehl

Zum Bestreichen:

5-6 Eigelb

250 g Puderzucker

Zum Bestreuen:

25 g feingehackte Pistazien

Aus Fett, Zucker und den Eiern eine Schaummasse rühren. Die übrigen Zutaten zugeben und unterkneten. Das Ganze soll recht rasch vonstatten gehen, denn der Teig darf sich nicht zu sehr erwärmen (auch nicht durch die Hände). Aus dem Teig 3 cm dicke Rollen formen und kalt stellen (1 Stunde genügt, wenn's 2 Tage werden, so schadet das nicht). Dann mit einem scharfen Messer 1 cm dicke Scheibchen abschneiden. Notfalls etwas nachformen. Auf ein mit Backpapier ausgelegtes Backblech legen und im vorgeheizten Backofen backen. Für die »falsche Butter« Eigelb und gesiebten Puderzucker zu einer schaumigen Masse verrühren. Die erkalteten Plätzchen umdrehen, auf der Unterseite nicht zu dünn mit der »Butter« bestreichen, mit den Pistazien bestreuen und trocknen lassen.

Backzeit: etwa 10 Minuten
Elektroherd: 175-200 Grad
Gasherd: Stufe 2-3

Kokosmakronen

Für die Makronenmasse:

2 Eier

200 g Zucker

1 Prise Salz

250 g Kokosraspel

2 EL Zitronensaft

Außerdem:

etwa 40 runde Oblaten oder Fett und Mehl für das Blech

Eier mit Zucker und Salz schaumig rühren, bis der Zucker gelöst ist. Kokosraspel und Zitronensaft unterrühren und die Masse ruhen lassen, bis die Flüssigkeit von den Kokosraspeln gut aufgenommen ist. Mit zwei Teelöffeln Teighäufchen auf Oblaten oder ein gefettetes, leicht bemehltes Backblech setzen, im vorgeheizten Ofen backen.

Backzeit: etwa 15 Minuten
Elektroherd: 150 Grad
Gasherd: Stufe 1

Haller Törtl

Für den Nußteig:
2 Eier

400 g Puderzucker

200 g grob gehackte Mandeln

200 g feingehackte Mandeln

etwas abgeriebene Zitronenschale, unbehandelt

1 TL Muskat

3 TL Zimt

½ TL gemahlene Nelken

eventuell zusätzlich gemahlene Mandeln und Puderzucker zum Kneten

Für den Törtl-Teig:
4 Eigelb

240 g Zucker

240 g feingemahlene Mandeln

1 EL sehr fein geschnittenes Zitronat

1 EL sehr fein geschnittenes Orangeat

1½ TL Zimt

½ TL gemahlener Kardamom

½ TL gemahlene Nelken

4 Eiweiß

Außerdem:
etwa 60 runde Backoblaten (7 cm Durchmesser)

Für die Glasur:
250 g Puderzucker

1 Eiweiß

etwa 4 EL Rosenwasser

Speisefarben nach Belieben

Für den Nußteig die Eier schaumig schlagen, den Puderzucker zugeben und so lange schlagen, bis eine schöne cremige Masse entsteht. Die Mandeln und alle Gewürze unterarbeiten. Wenn die Masse klebt, etwas mehr Mandeln und Puderzucker hinzufügen. Für den Törtl-Teig das Eigelb mit dem Zucker sehr schaumig rühren, die feingemahlenen Mandeln, Zitronat und Orangeat, die Gewürze und das zu steifem Schnee geschlagene Eiweiß daruntermengen. Aus dem Nußteig dünne Röllchen formen, auf die Oblaten legen und einen Rand daraus formen. Dahinein den Törtl-Teig füllen. Im vorgeheizten Backofen backen. Nach völligem Erkalten die Törtchen mit einer Eiweißglasur verzieren, zum Beispiel einen Ring, Wellenlinien oder Gitter aufspritzen. Hierfür den gesiebten Puderzucker mit dem Eiweiß 15 Minuten von Hand oder 5 Minuten mit dem Rührgerät schaumig rühren. Dann nach und nach so viel Rosenwasser zugeben, bis die Glasur die gewünschte dickflüssige Konsistenz hat. Zum Verzieren in einen Spritzbeutel geben. Sehr hübsch sehen die Törtchen aus, wenn Sie zunächst einen farbigen Guß auftragen und dann erst eine weiße Verzierung darüberspritzen.

Backzeit: 25-30 Minuten
Elektroherd: 150 Grad
Gasherd: Stufe 1

TIP Statt mit der Glasur kann man die Törtl auch mit fertiger Zuckerschrift verzieren, die in verschiedenen Farben angeboten wird.

Walnußstangen

Für den Teig:
3 Eiweiß von kleinen Eiern

280 g Puderzucker

280 g gemahlene Walnüsse

je ¼ TL gemahlener Zimt und Nelkenpulver

2 EL Paniermehl

Außerdem:
Puderzucker zum Ausrollen

Eiweiß zu steifem Schnee schlagen, den gesiebten Puderzucker nach und nach unterschlagen. 4 Eßlöffel abnehmen und zum Garnieren aufheben. Die Nüsse und Gewürze mit dem Paniermehl unter die Eischneemasse mischen. Daraus auf der mit Puderzucker bestreuten Arbeitsfläche fingerdicke Rollen formen und auf ein mit Backpapier belegtes Backblech legen. Im Abstand von etwa 2 cm die Rollen mit einem Messerrücken leicht eindrücken und an jeder dritten Kerbung durchschneiden. Die aufgehobene Zuckermasse in Schlangenlinien darüberlaufen lassen. Im vorgeheizten Backofen backen. Noch heiß die Stangen an den vorher bereits durchgeschnittenen, beim Backen wieder zusammengelaufenen Stellen mit dem Messer erneut vollkommen auseinanderteilen.

Backzeit: 25-30 Minuten
Elektroherd: 140-150 Grad
Gasherd: Stufe 1

Auch in Schweden wird an Weihnachten das Backen ganz groß geschrieben: Ingwerplätzchen und Mandelkugeln sind fast immer dabei. Der traditionelle Julhan darf auf keinen Fall fehlen.

Julhan

Abbildung Seite 114/115

Für den Teig:
500 g Mehl
1 Päckchen Trockenbackhefe
100 g Zucker
150 ml lauwarme Milch
1 Prise Salz
100 g Margarine
2 kleine Eier
Außerdem:
Mehl zum Ausrollen
1 Hahnschablone,
aus Pappe geschnitten
(8 cm Höhe)
Fett für das Blech
Zum Bestreichen:
1 Eigelb
2 EL Milch
Zum Verzieren:
15 Belegkirschen
100 g Zitronat im Stück
10 geschälte Pistazien

Mehl mit der Trockenback-hefe vermischen. Restliche Teigzutaten dazugeben und alles mit den Knethaken des elektrischen Handrührgerä-tes zu einem geschmeidigen Hefeteig verkneten. Zuge-deckt an einem warmen Ort gehen lassen, bis der Teig sich verdoppelt hat. Auf der bemehlten Arbeitsfläche etwa ½ cm dick ausrollen. Pappschablone auflegen und mit einem kleinen spitzen Messer Hähne ausschneiden. Auf ein gefettetes oder mit Backpapier belegtes Back-blech legen. Eigelb mit Milch verrühren, Hähne damit be-streichen. Mit in Stücke geschnittenen Belegkirschen Hahnenkamm und Kropf, mit in Streifen geschnittenem Zi-tronat die Schwanzfedern

und mit halbierten Pistazien die Augen formen. Im vorge-heizten Backofen backen.

Backzeit: etwa 10 Minuten
Elektroherd: 200 Grad
Gasherd: Stufe 3

Mandelkugeln

Abbildung Seite 114/115

Für den Teig:
300 g Mehl
½ TL Backpulver
100 g Zucker
abgeriebene Schale ½ Zitrone, unbehandelt
1 Ei
150 g Margarine oder Butter
Zum Verzieren:
100 g rote Konfitüre
40 g gehackte Mandeln
Außerdem:
Mehl zum Ausrollen
Fett für das Blech

Mehl, Backpulver, Zucker, Zi-tronenschale, Ei und Fett zu einem glatten Mürbeteig ver-kneten. Etwa 30 Minuten kalt stellen. Teig auf der bemehlten Arbeitsfläche zu 2 langen Rollen formen, in etwa 60 Scheiben schneiden und diese zu Kugeln formen. In die Mitte eine Vertiefung drücken, etwas Konfitüre einfullen. Mit gehackten Mandeln bestreuen. Die Plätzchen auf ein gefettetes Backblech setzen und im vor-geheizten Backofen backen.

Backzeit: 10-15 Minuten
Elektroherd: 200 Grad
Gasherd: Stufe 3

Ingwerplätzchen

Abbildung Seite 114/115

Für den Teig:
600 g Mehl
1 Päckchen Backpulver
1 gehäufter TL Ingwerpulver
1 TL gehackte kandierte Ingwerwurzel
2 TL gemahlene Nelken
1 TL Zimt
375 g Puderzucker
350 g Margarine oder Butter
125 g heller Sirup
Außerdem:
Mehl zum Ausrollen
Fett für das Blech
Zum Verzieren:
20 rote kandierte Beleg-kirschen
40 Haselnußkerne

Mehl mit Backpulver und den Gewürzen mischen. Pu-derzucker und das weiche Fett mit den Schneebesen des elektrischen Handrühr-gerätes schaumig rühren, das Mehlgemisch und den Si-rup nach und nach unterrüh-ren, den Rest unterkneten. Rollen von 3 cm Durchmes-ser formen, diese zu quadra-tischen Strängen drücken und 1 Stunde kühl stellen. Teigstränge in etwa ½ cm dicke Scheiben schneiden und auf ein gefettetes Back-blech setzen. Mit halbierten Kirschen und ganzen Hasel-nüssen verzieren und im vor-geheizten Backofen backen.

Backzeit: etwa 12 Minuten
Elektroherd: 200 Grad
Gasherd: Stufe 3

Drei Plätzchen unterschiedlicher Größe werden terrassenförmig mit Konfitüre zusammengesetzt.

Spitzbuben

Für den Teig:

350 g Mehl

150 g Zucker

1 Päckchen Vanillinzucker

abgeriebene Schale ½ Zitrone, unbehandelt

100 g geschälte, gemahlene Mandeln

250 g Margarine oder Butter

1 Ei

Außerdem:

Mehl zum Ausrollen

Fett für das Blech

100 g Himbeerkonfitüre zum Bestreichen

Puderzucker zum Bestäuben

Mehl, Zucker, Vanillinzucker, Zitronenschale und Mandeln auf die Arbeitsfläche häufen. Das Fett in Flöckchen und das Ei zufügen und alles mit einem großen Messer durchhacken. Anschließend mit den Händen rasch verkneten. Den Teig in Folie gewickelt 2 Stunden kalt stellen. Auf der bemehlten Arbeitsfläche etwa 2 mm dick ausrollen. Jeweils die gleiche Anzahl runder Plätzchen mit gezacktem Rand in drei verschiedenen Größen ausstechen. Auf ein gefettetes Backblech legen und im vorgeheizten Backofen goldgelb backen.

Die Plätzchen vom Blech lösen und noch warm jeweils drei Plätzchen unterschiedlicher Größe mit Konfitüre terrassenförmig zusammensetzen. Dick mit Puderzucker bestäuben.

Backzeit: 10-12 Minuten
Elektroherd: 180 Grad
Gasherd: Stufe 2

TIP Bei Gebäck, das terrassenförmig zusammengesetzt wird, bestreicht man nur die untere Seite der Plätzchen mit Konfitüre, damit die überstehenden Ränder frei bleiben.

Mandel-spekulatius

Für den Teig:

180 g Margarine
200 g Zucker
2 Päckchen Vanillinzucker
2 Eier
1½ Päckchen Spekulatius-gewürz
1 Prise Salz
einige Tropfen Bittermandelöl
abgeriebene Schale 1 Zitrone, unbehandelt, oder 1 Beutel Citro-back
1 EL Rum oder 1 Beutel Rum-back
450 g Mehl
50 g Speisestärke

Außerdem:

Mehl zum Bestäuben
100 g Mandelblättchen
Fett für das Blech

Das weiche Fett schaumig rühren. Zucker und Vanillin-zucker zufügen. Eier, Ge-würzzutaten und Rum un-terrühren. Mehl und Speise-stärke mischen und sieben. Einen Teil unterrühren, den Rest mit den Knethaken des elektrischen Handrührgerä-tes unterkneten. Den Teig 1 Tag zugedeckt kalt stellen. Kleine Teigstücke in be-mehlte Modelformen drük-ken. Überstehenden Teig ab-schneiden. Model umdrehen und durch kräftiges Schla-gen die Teigfiguren heraus-klopfen. Dann die untere Seite in Mandelblättchen drücken. Figuren auf ein ge-fettetes oder mit Backpapier belegtes Backblech legen. Im vorgeheizten Backofen bak-ken. Wenn Sie keine Model

besitzen, den Teig auf der leicht bemehlten Arbeitsflä-che ausrollen und beliebige Figuren ausstechen.

Backzeit: etwa 10 Minuten
Elektroherd: 200 Grad
Gasherd: Stufe 3

Spritzgebäck

Für den Teig:

300 g Margarine oder Butter
100 g Puderzucker
2 Päckchen Vanillinzucker
½ TL Salz
abgeriebene Schale 1 Zitrone, unbehandelt, oder 1 Beutel Citro-back
2 Eier
400 g Mehl
1 gehäufter TL Backpulver

Außerdem:

Fett für das Blech
150 g Kuvertüre zum Verzieren

Das weiche Fett schaumig rühren. Gesiebten Puderzuk-ker nach und nach zufügen. Gewürzzutaten und Eier nacheinander unterrühren. Mehl und Backpulver mi-schen und unterrühren. Den Teig in einen Spritzbeutel mit Sterntülle füllen. Auf ein gefettetes Backblech S-Formen, Kränze oder an-dere Figuren spritzen. Im vorgeheizten Backofen gold-gelb backen. Spritzgebäck abkühlen lassen und nach Belieben zur Hälfte in aufge-löste Kuvertüre tauchen.

Backzeit: etwa 12 Minuten
Elektroherd: 180 Grad
Gasherd: Stufe 2

Zuckerkringel

Für den Teig:

350 g Mehl
200 g Margarine oder Butter
150 g Zucker
2 Eigelb
abgeriebene Schale von 2 Zitronen, unbehandelt, oder 2 Beutel Citro-back

Zum Verzieren:

1 Ei
50 g Zuckerstreusel oder Hagelzucker
50 g gemahlene Mandeln

Außerdem:

Fett für das Blech

Aus Mehl, Fett, Zucker, Ei-gelb und Zitronenschale oder Citro-back einen Mürbeteig bereiten. Etwa 30 Minuten kalt stellen. Teig portions-weise auf der bemehlten Ar-beitsfläche ½ cm dick ausrol-len. Kringel im Durchmesser von etwa 5 cm ausstechen und auf ein gefettetes Back-blech legen. Mit verquirltem Ei bestreichen. Zuckerstreu-sel oder Hagelzucker und Mandeln mischen und über die Kringel streuen. Im vor-geheizten Backofen backen.

Backzeit: 10-15 Minuten
Elektroherd: 200 Grad
Gasherd: Stufe 3

Die Dauerbrenner auf dem Weihnachtsteller: Mandel-spekulatius, Spritzgebäck und Zuckerkringel.

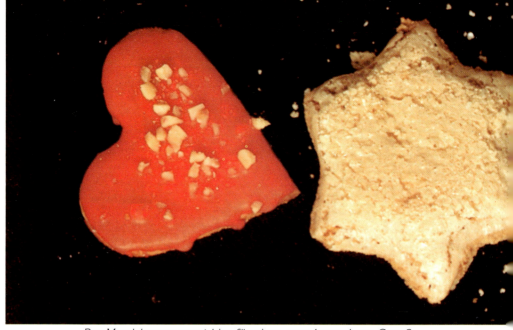

Das Mandelaroma sorgt hier für einen ganz besonderen Genuß.

Weihnachtsherzen

Für den Teig:
280 g Mehl
200 g Margarine
60 g Zucker
2 Päckchen Vanillinzucker
4 hartgekochte Eigelb
2 EL abgeriebene Zitronenschale, unbehandelt, oder
2 EL Citro-back
50 g feingemahlene Mandeln

Außerdem:
Mehl zum Ausrollen

Für die Glasur:
125 g Puderzucker
2-3 El Rum oder Rum-back
rote Back- und Speisefarbe

Zum Bestreuen:
2 Päckchen grob gehackte Mandeln oder Haselnuß-Krokant

Mehl in eine Schüssel sieben, das kalte Fett in Flöckchen darauf verteilen. Zucker, Vanillinzucker, das fein zerdrückte Eigelb, die Zitronenschale oder Citro-back und die Mandeln dazugeben und alles zu einem glatten Teig verkneten, über Nacht kühl stellen. Auf der bemehlten Arbeitsfläche 4-5 mm dick ausrollen, Herzen ausstechen und im vorgeheizten Backofen hellgelb backen. Für die Glasur Puderzucker mit so viel Rum verrühren, daß eine dickflüssige Masse entsteht. Back- und Speisefarbe einrühren. Die Plätzchen mit der Rumglasur bestreichen, mit grob gehackten Mandeln oder Haselnuß-Krokant bestreuen, abkühlen lassen.

Backzeit: etwa 12 Minuten
Elektroherd: 200 Grad
Gasherd: Stufe 3

Zimtsterne

Für den Teig:
500 g sehr feiner Zucker
Saft 1 Zitrone
6 Eiweiß
1 TL Zimt
1 Prise Nelkenpulver
375 g gemahlene Mandeln
abgeriebene Schale 1 Zitrone, unbehandelt

Außerdem:
Mehl zum Ausrollen und Ausstreuen
Fett für das Blech

Zucker, Zitronensaft und Eiweiß in eine Schüssel geben, mit den Schneebesen des elektrischen Handrührgerätes sehr steif rühren. 6-8 Eßlöffel von der Masse zurückbehalten und kühl stellen. Unter die Hauptmasse die restlichen Teigzutaten heben

und kurz in den Kühlschrank stellen. Danach den Teig in kleinen Mengen jeweils ½ cm dick auf der bemehlten Arbeitsfläche ausrollen. Sterne ausstechen, mit der zurückbehaltenen Zucker-Eiweiß-Masse sehr dünn bestreichen. Die Zimtsterne auf ein gefettetes und dünn bemehltes Backblech legen und im vorgeheizten Backofen backen.

Backzeit: etwa 20 Minuten
Elektroherd: 170 Grad
Gasherd: Stufe 2

Frankfurter Bethmännchen

Für die Marzipanmasse:
600 g Marzipan-Rohmasse
300 g Puderzucker
1 EL Rum oder 1 Beutel Rum-back
Zum Verzieren:
1 Päckchen Mandelblättchen
Außerdem:
Fett für das Blech

Marzipan-Rohmasse, Puderzucker und Rum zu einem festen, ziemlich trockenen Teig verkneten. 30 Minuten im Kühlschrank ruhen lassen. Dann kleine Kugeln daraus formen. Je 4 Mandelblättchen hineindrücken, Spitze so nach oben, daß sie sich fast berühren. Auf ein gefettetes Backblech setzen und im vorgeheizten Backofen backen, bis sich die Bethmännchen leicht braun gefärbt haben.

Backzeit: etwa 20 Minuten
Elektroherd: 150 Grad
Gasherd: Stufe 1

TIP Marzipan – Rohmasse wird aus süßen Mandeln und Zucker hergestellt. Sie hat einen kräftigen Mandelgeschmack und wird deshalb gern zum Bereiten von Konfekt, zum Modellieren und Füllen von Torten, Kuchen und Plätzchen verwendet. Marzipan-Rohmasse läßt sich leicht ausrollen, wenn man zwei Teile Marzipan mit einem Teil Puderzukker verknetet, und eignet sich somit hervorragend zum Überziehen von Torten und anderen Gebäcken.

Vanillekipferl

Für den Teig:

180 g Mehl

je 100 g gemahlene Mandeln und Haselnüsse

70 g Zucker

200 g Margarine oder Butter

1 Eigelb

1 Ei

Außerdem:

Fett für das Blech

5 Päckchen Vanillinzucker

50 g Puderzucker

Mehl, gemahlene Mandeln und Nüsse, Zucker, Fett, Eigelb und das Ei in eine Schüssel geben und zu einem glatten Teig verkneten. Etwa 30 Minuten kalt stellen. Aus dem Teig daumendicke Rollen formen und davon jeweils 3-4 cm lange Stücke abschneiden. Zu Kipferl formen und auf ein gefettetes Backblech legen. Im vorgeheizten Backofen goldbraun backen. Vom Blech nehmen und noch heiß in einem Gemisch aus Vanillinzucker und Puderzucker wälzen.

Backzeit: 10-15 Minuten
Elektroherd: 175-200 Grad
Gasherd: Stufe 2-3

Linzer Plätzchen

Für den Teig:

250 g Mehl

250 g gemahlene Mandeln

250 g Zucker

250 g Margarine

2 hartgekochte Eigelb

2 rohe Eigelb

1 Ei

je ½ TL Zimt und gemahlene Nelken

Außerdem:

Mehl zum Ausrollen

Fett für das Blech

Für die Füllung:

100 g Johannisbeer- oder Erdbeerkonfitüre

Zum Bestäuben:

50 g Puderzucker

Mehl, Mandeln, Zucker, Fett, geriebenes und rohes Eigelb, das Ei und Gewürzzutaten in eine Schüssel geben und mit den Knethaken des elektrischen Handrührgerätes einen Mürbeteig bereiten. Den Teig etwa 30 Minuten kalt stellen. Anschließend auf der bemehlten Arbeitsfläche etwa 3 mm dick ausrollen. Aus der Hälfte des Teiges etwa 5 cm und 4 cm große Plätzchen ausstechen. Die Mitte der kleinen Plätzchen nochmals mit einem Fingerhut oder einer ganz kleinen Herzform ausstechen. Restlichen Teig nochmals ausrollen und Plätzchen ausstechen. Auf ein gefettetes Backblech legen und im vorgeheizten Backofen goldgelb backen. Nach dem Abkühlen die großen Plätzchen mit Konfitüre bestreichen. Die kleinen Plätzchen mit Puderzucker bestäuben und auf die größeren Plätzchen setzen.

Backzeit: etwa 10 Minuten
Elektroherd: 175-200 Grad
Gasherd: Stufe 2-3

Gewundene Kränze

Für den Teig:

250 g Margarine oder Butter

150 g Puderzucker

450 g Mehl

3 EL Wasser oder weißer Rum

1 EL Kakao

Außerdem:

Fett für das Blech

1 Eigelb

1 EL Dosenmilch

1-2 EL Hagelzucker

Fett und Puderzucker verrühren. Mehl und Wasser oder Rum zufügen und alles miteinander verkneten. Den Teig halbieren. Unter die eine Hälfte den Kakao kneten. Beide Teige etwa 30 Minuten kalt stellen. Portionsweise etwa 10-15 cm lange dünne Rollen formen. Je 1 helles und 1 dunkles Röllchen zu einer Kordel drehen und zu einem Kranz formen, auf ein gefettetes Backblech legen. Eigelb und Dosenmilch verquirlen. Die Kränze damit bestreichen. Anschließend mit Hagelzucker bestreuen. Im vorgeheizten Backofen backen.

Backzeit: etwa 15 Minuten
Elektroherd: 180 Grad
Gasherd: Stufe 3

Die österreichische Backkunst ist wohlbekannt. Hier drei typische Beispiele: Gewundene Kränze, Vanillekipferl und Linzer Plätzchen.

Kunterbunte
Geschenke aus der

Köstlichkeiten

Backstube für groß und klein

Knusperhäuschen

Für den Teig:

200 g Margarine, z. B. Sanella	
1 Glas Bienenhonig (500 g)	
250 g Zucker	
1 Päckchen Pfefferkuchengewürz	
15 g Kakao	
1000 g Mehl	
½ Päckchen Backpulver	
1 Prise Salz	
2 Eier	

Außerdem:

Mehl zum Ausrollen	
Fett für das Blech	

Für die Spritzglasur:

3 Eiweiß	
etwa 550 g Puderzucker	

Zum Verzieren:

2 Blatt rote Gelatine	
Kleingebäck, Süßigkeiten, Mandeln o. ä.	
Back- und Speisefarben	

Margarine, Honig, Zucker, Pfefferkuchengewürz und Kakao in einem Topf unter Rühren erhitzen, bis der Zucker aufgelöst ist. Abkühlen lassen. Mehl, Backpulver und Salz in einer Schüssel vermischen. Die Eier verschlagen und zusammen mit der Honigmasse zum Mehl geben. Alles zunächst mit den Knethaken des elektrischen Handrührgerätes, dann mit den Händen zu einem glatten Teig verkneten. Abgedeckt im Kühlschrank mindestens 1 Stunde ruhen lassen. Dann den Teig auf der bemehlten Arbeitsfläche etwa ½ cm dick ausrollen, auf ein gefettetes Backblech legen und nochmals glattrollen. Nach den Zeichnungen auf den Seiten 201-203

Schablonen aus Pappe anfertigen und danach mit dem Messer aus dem Teig zuerst die Hausteile, dann die Hexe, Hänsel und Gretel und die Rechtecke für den Zaun ausschneiden. Alles im vorgeheizten Ofen backen. Sollten die einzelnen Teile zu stark verformt sein, kann man sie noch heiß nachschneiden. Das Gebäck noch warm vom Blech lösen und abkühlen lassen.

Eiweiß zu steifem Schnee schlagen und mit so viel Puderzucker verrühren, daß eine dickflüssige, spritzbare Masse entsteht. Aus festem Pergamentpapier kleine Spritztüten kleben, die Spitzen abschneiden. Tür und Fensterteile von der Rückseite mit wenig Glasur bespritzen und Gelatine dagegendrücken. Alle Hausteile mit Zuckerglasur auf die Pappschablonen kleben (Fen-

Das Lebkuchenhäuschen wird mit bunten Naschereien und viel Zuckerguß reich verziert.

ster- und Türöffnungen in der Schablone nicht vergessen!). Zum Verzieren des Hauses und der Figuren einen Teil der Spritzglasur mit Back- und Speisefarben einfärben. Giebelwände wie auf dem Foto mit Glasur und Süßigkeiten verzieren. Sind die Süßigkeiten fest angetrocknet, die Seiten- und Giebelwände mit Zuckerglasur auf ein großes Holzbrett kleben und die Wände an den Kanten mit Glasur aneinanderdrücken, trocknen lassen. Dann das Dach und den Schornstein aufkleben. Nach dem Trocknen mit Kleingebäck, Süßigkeiten und Zuckerglasur nach Belieben verzieren. Die Figuren mit Zuckerglasur bunt besprützen. Den Hof mit Puderzucker bestäuben. Die Figuren hineinsetzen. Die Rechtecke mit Mandeln verzieren und als Zaun rundherumsetzen.

Backzeit: 10-12 Minuten
Elektroherd: 200-225 Grad
Gasherd: Stufe 3-4

TIP Man kann das Knusperhäuschen auch sehr hübsch mit Gebäckschmuck, Zuckerblümchen und Zuckerschrift verzieren.

Lindy's Käsekuchen

Für den Teig:

160 g Mehl
60 g Zucker
abgeriebene Schale ½ Zitrone, unbehandelt, oder ½ Beutel Citro-back
1 Eigelb
80 g Margarine oder Butter

Außerdem:

Fett für die Form

Für die Füllung:

1125 g Sahnequark
250 g Zucker
3 EL Mehl
abgeriebene Schale 1 Orange und 1 Zitrone, unbehandelt, oder je 1 Beutel Orange-back und Citro-back
1 Päckchen Vanillinzucker
5 Eier
2 Eigelb
2 EL Schlagsahne

Zum Verzieren:

Puderzucker oder Regenbogenzucker

Zum Verschenken: Der berühmteste Käsekuchen aus Amerika.

Mehl, Zucker, abgeriebene Zitronenschale oder Citroback, Eigelb und Fett in eine Schüssel geben und mit den Knethaken des elektrischen Handrührgerätes alles zu einem glatten Teig verkneten. Im Kühlschrank etwa 1 Stunde ruhen lassen. Den Boden einer Springform (26 cm Durchmesser) einfetten und drei Viertel des Teiges darauf ausrollen. Im vorgeheizten Backofen bei 200 Grad (Gasherd Stufe 3) 15-20 Minuten backen, bis der Tortenboden goldgelb ist. Abkühlen lassen. Inzwischen für die Füllung Quark, Zucker, Mehl, abgeriebene Orangen- und Zitronenschale oder Orange-back und Citroback sowie Vanillinzucker gut miteinander vermischen. Zum Schluß die Eier, das Eigelb und die Sahne unterrühren. Den Springformrand einfetten und um den Boden spannen. Den restlichen Teig ausrollen, in 4 cm breite Streifen schneiden und als Rand in die Form geben. An dem Tortenboden festdrükken. Die Quarkmischung einfüllen und nochmals bei 200 Grad (Gasherd Stufe 3) 12-15 Minuten backen. Die Temperatur auf 100 Grad (Gasherd Stufe 1) herunterschalten und in weiteren 60-80 Minuten fertigbacken. Puderzucker oder Regenbogenzucker in Form eines großen „L" auf den abgekühlten Kuchen streuen.

Mini-Kuchen mit Winterbild

Für den Teig:
60 g Zartbitter-Schokolade
75 g Margarine
75 g Puderzucker
1 Päckchen Vanillinzucker
1 Prise Salz
abgeriebene Schale ½ Zitrone, unbehandelt,
oder ½ Beutel Citro-back
2 kleine Eier
50 g gemahlene Haselnüsse
50 g Mehl
1 Messerspitze Backpulver

Zum Verzieren:
50 g Puderzucker
etwa 2 TL Wasser
rote und grüne Back- und Speisefarbe

Die Schokolade im Wasserbad auflösen. Margarine schaumig rühren. Puderzucker, Vanillinzucker, Salz, Zitronenschale oder Citro-back und die Eier unterrühren. Schokolade zufügen. Nüsse, Mehl und Backpulver mischen und ebenfalls unterrühren. Den Teig in eine am Boden mit Pergamentpapier ausgelegte Kinderkuchen-Springform (15 cm Durchmesser) geben und im vorgeheizten Backofen backen. Aus der Form stürzen und erkalten lassen. Puderzucker und Wasser zu einer streichfähigen Glasur verrühren. 1 Teelöffel davon in eine kleine Spritztüte aus Pergamentpapier füllen. 4 Teelöffel abnehmen und je 1 Teelöffel in kleine Schälchen geben. 1 Teil grün, die restlichen Teile verschieden rot färben. Mit der restlichen weißen Glasur Berge und Wolken mit einem Pinsel auf den Kuchen malen. Mit den bunten Glasuren ein Haus malen. Zum Schluß Schneeflocken daraufspritzen. Zum Verschenken den Kuchen auf eine Glasplatte setzen und mit Klarsichtfolie verpacken.

Backzeit: etwa 25 Minuten
Elektroherd: 175 Grad
Gasherd: Stufe 2

Backzeit:
insgesamt 27-35 Minuten vorbacken
60-80 Minuten fertigbacken
Elektroherd:
200 Grad vorbacken
100 Grad fertigbacken
Gasherd:
Stufe 3 vorbacken
Stufe 1 fertigbacken

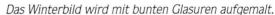

Das Winterbild wird mit bunten Glasuren aufgemalt.

Plätzchen, Torten und Kuchen schmecken noch mal so gut, wenn sie hübsch verziert sind; denn wir alle wissen: Das Auge ißt mit. Ganz abgesehen davon macht es einfach Spaß, beim Verzieren und Dekorieren der Phantasie einmal freien Lauf zu lassen. Und wenn Sie Ihren Kindern eine ganz besondere Freude machen wollen, lassen Sie sie mithelfen und selbst kreativ werden, denn für sie ist es ein wahres Vergnügen, mit vielen bunten Leckereien ihr eigenes „Kunstwerk" zu erstellen.

Beim Verzieren von Gebäcken spielen Glasuren eine ganz besonders wichtige Rolle. Man verwendet sie zum Überziehen, Bespritzen und Bemalen von Gebäckstücken. Wichtig ist, daß eine Glasur die richtige Konsistenz hat. Deshalb sollte man bei einer Puderzuckerglasur die angegebene Flüssigkeit immer nach und nach unterrühren. Zum Spritzen muß die Glasur eher dick sein, zum Bemalen und Überziehen etwas flüssiger. Besonders fest wird sie, wenn man den Puderzucker mit Eiweiß anrührt. Und damit's schon bunt wird, können Sie die Glasuren mit Back- und Speisefarben unterschiedlich einfärben. Zum Bespritzen fertigen Sie sich am besten selbst kleine Spritztüten aus Pergamentpapier an oder Sie nehmen einfach eine kleine Plastiktüte und schneiden an einer Seite eine Spitze ab. Je kleiner das Loch, um so feiner kann man die Glasur aufspritzen. Wollen Sie auf eine Glasur eine andere auftragen, muß die untere Glasur getrocknet

Alles über Glasuren und Verzierungen

sein, damit die Glasuren nicht ineinanderlaufen. Zum Verzieren können Sie auch Zuckerschrift verwenden, die in verschiedenen Farben angeboten wird und einfach zu handhaben ist. Auch hier ist es wichtig, daß die Oberfläche des Gebäcks trocken ist, wenn man sie aufspritzt. Beliebt zum Überziehen von Gebäckstücken sind darüber hinaus Halbbitter- und Vollmilch-Kuvertüre sowie fertige Kuchenglasuren, die im Wasserbad geschmolzen werden.

Für hübsche bunte Verzierungen wird heute eine große Vielfalt von Dekorationsmaterial angeboten (beispielsweise von Schwartau): Bunte Zuckerstreusel und Schokoladenplätzchen, Moccabohnen und Schokoladen-Dekor-Blätter, sortierter Gebäckschmuck, Zuckerblümchen und Regenbogenzucker machen das Verzieren und Dekorieren von Plätzchen, Torten und Kuchen kinderleicht. All diese kunterbunten Naschereien legt man entweder auf die noch feuchte Glasur oder man klebt sie mit etwas verrührtem Eiweiß oder Zuckerglasur auf das Gebäck. Bevor man mit dem Verzieren beginnt, ist es ratsam, das Dekorationsmaterial in Schälchen zu verteilen, damit alles griffbereit liegt, wenn's losgeht; denn das Dekorieren und Verzieren muß zügig vonstatten gehen, da die Glasur innerhalb von wenigen Minuten trocknet und die Verzierungen dann nicht mehr haften. Deshalb auch nicht alle Gebäckstücke auf einmal mit Glasur überziehen, sondern nur portionsweise, wenn es sich um größere Mengen handelt. Die Schälchen mit den fertigen Glasuren immer zudecken, damit die Zuckerglasur an der Oberfläche nicht fest wird.

Weihnachtsboten aus Lebkuchenteig – mit buntem Zuckerzeug und Marzipan prachtvoll verziert.

Nikolaus und Engelchen

Für den Teig:

4 kleine Eier
350 g Zucker
450 g Honig
je 100 g feingehacktes Zitronat und Orangeat
200 g gemahlene Mandeln
1 Päckchen Lebkuchengewürz
1 Prise Salz
1000 g Mehl
10 g Natron

Außerdem:

Mehl zum Ausrollen
Fett für das Blech

Zum Verzieren:

100 g Marzipan-Rohmasse
300 g Puderzucker
Back- und Speisefarben
1 Eiweiß
Gebäckschmuck
Zuckerstreusel
Zuckerblümchen

Die Eier sehr schaumig schlagen und dabei nach und nach den Zucker einstreuen. Erst wenn die Masse sehr fest ist, den Honig langsam unter den Schaum schlagen. Nach und nach Zitronat, Orangeat, Mandeln und Gewürze untermischen. Mehl und Natron vermischen, sieben und im Ganzen zufügen. Soweit wie möglich das Mehlgemisch mit den Knethaken des elektrischen Handrührgerätes einarbeiten. Danach von Hand kräftig durchkneten. Den Teig einen Tag im Kühlschrank ruhen lassen. Nach den Zeichnungen auf Seite 200 von den gewünschten Figuren Pappschablonen anfertigen. Den Teig auf der bemehlten Arbeitsfläche etwa ½ cm dick ausrollen und mit einem spitzen Messer nach Schablone die Figuren ausschneiden. Auf ein gefettetes Backblech legen und im vorgeheizten Backofen backen. Die Figuren vorsichtig vom Backblech lösen, auf einem Kuchengitter auskühlen lassen und erst dann verzieren. Für die Verzierung die Marzipan-Rohmasse mit 50 g Puderzucker verkneten, in kleine Portionen teilen und diese beliebig mit Back- und Speisefarben einfärben. Dünn ausrollen und gewünschte Formen, z. B. Gesichter, Arme, Kerzen, Nikolausmantel und -mütze, ausschneiden. Für die Glasur das Eiweiß schnittfest schlagen und nach und nach den gesiebten restlichen Puderzucker unterrühren. Dann schlagen, bis die Masse stark glänzt. Ebenfalls portionieren und beliebig einfärben. Nun die Figuren dem Foto entsprechend oder auch ganz nach eigener Phantasie mit Glasur bespritzen oder bestreichen. Zum Schluß die Figuren mit Gebäckschmuck, Zuckerstreuseln und Zuckerblümchen hübsch verzieren. Die entsprechenden Zutaten auf die noch feuchte Glasur legen und leicht andrücken oder mit etwas Glasur auf die trockene Oberfläche kleben.

Backzeit: etwa 15 Minuten
Elektroherd: 200 Grad
Gasherd: Stufe 3

Bunt verzierte Mürbeteigplätzchen

Für den Teig:
250 g Mehl
evtl. 1 Messerspitze Backpulver
65 g Zucker
1 Prise Salz
125 g Margarine, z. B. Sanella
1 Ei

Außerdem:
Mehl zum Ausrollen
Fett für das Blech

Zum Verzieren:
etwa 250 g Puderzucker
1 Eiweiß
Back- und Speisefarben
Zuckerblümchen
Schokoladen-Dekor-Blätter
bunte Zuckerstreusel
Gebäckschmuck

Mehl mit Backpulver in eine Schüssel sieben. Zucker, Salz, Margarine und das Ei dazugeben und alles mit den Knethaken des elektrischen Handrührgerätes zu einem glatten Teig verkneten. Mindestens 30 Minuten im Kühlschrank ruhen lassen. Den Teig auf der bemehlten Arbeitsfläche etwa ½ cm dick ausrollen und nach selbst angefertigten Schablonen Figuren ausschneiden oder mit Ausstechförmchen beliebige Formen ausstechen. Auf ein gefettetes Backblech legen und im vorgeheizten Backofen backen. Danach vom Backblech nehmen und auf einem Kuchengitter erkalten lassen. Gesiebten Puderzukker mit Eiweiß zu einer dickflüssigen Zuckerglasur verrühren. Auf mehrere Schälchen verteilen und nach Belieben mit Back- und Speisefarben unterschiedlich einfärben. Die Glasuren in kleine Spritztüten aus Pergamentpapier füllen und die Mürbeteigplätzchen damit wie auf dem Foto oder nach eigener Phantasie verzieren. Mit Zuckerblümchen, Schokoladen-Dekor-Blättern, bunten Zuckerstreuseln und Gebäckschmuck dekorieren.

Backzeit: 8-10 Minuten
Elektroherd: 225 Grad
Gasherd: Stufe 3

Plätzchen aus knusprigzartem Mürbeteig: Mit bunten Zuckerstreuseln, Zuckerblümchen, Gebäckschmuck und viel Zuckerglasur wird das Verzieren zum herrlichen Spaß für groß und klein.

Biskuittorte mit feiner Füllung. Sie wird mit einer Rumglasur überzogen und dekorativ verziert.

Biskuittorte mit Haselnußfüllung

Für den Teig:
4 Eiweiß
4 EL kaltes Wasser
200 g Zucker
4 Eigelb
1 Beutel Orange-back
60 g Mehl
80 g Speisestärke
1 Doppelbeutel Back-Kakao
1½ TL Backpulver

Außerdem:
Fett für die Form
1 Doppelbeutel Rum-back

Für die Füllung:
½ l Sahne
50 g Zucker
100 g gemahlene Haselnüsse
½ TL Zimt

Für die Glasur:
200 g Puderzucker
1 Doppelbeutel Rum-back
rote Back- und Speisefarbe

Zum Verzieren:
Zuckerblümchen

Eiweiß und Wasser sehr steif schlagen. Zucker einrieseln lassen und kurz darunterschlagen. Die verrührten Eigelb unterziehen und zuletzt das Orange-back und das Gemisch aus Mehl, Speisestärke, Back-Kakao und Backpulver unter die Masse heben. Den Teig in eine nur am Boden gefettete Springform (26 cm Durchmesser) füllen und im vorgeheizten Backofen backen. Danach den Biskuit auf ein Kuchengitter stürzen und erkalten lassen, dann zweimal waagerecht durchschneiden. Die Böden mit Rum-back beträufeln. Für die Füllung die Sahne steif schlagen, Zucker, Nüsse und Zimt daruntermischen. Zwei Böden damit bestreichen und die Torte wieder zusammensetzen. Den Puderzucker mit so viel Rum-back verrühren, daß eine dickflüssige Masse entsteht. ¼ der Menge mit roter Back- und Speisefarbe einfärben. Mit der weißen Glasur die Torte überziehen. Die rote Glasur in eine kleine Spritztüte aus Pergamentpapier füllen, rote Linien auf die weiße Glasur spritzen und mit einem Messerrücken ein Muster ziehen wie auf dem Foto. Mit Zuckerblümchen verzieren.

Backzeit: 35-45 Minuten
Elektroherd: 175-200 Grad
Gasherd: Stufe 2-3

Gefülltes Biskuit-Herz

Für den Teig:
3 Eigelb
120 g Zucker
3 Eiweiß
60 g Mehl
60 g Speisestärke
1 TL Backpulver

Für die Füllung:
100 g Margarine oder Butter
1 Beutel dunkle Kuchenglasur
150 g Puderzucker
2 TL Instant-Kaffee
2 EL Weinbrand

Für die Glasur:
200 g Puderzucker
etwa 2 EL Wasser
rote Back- und Speisefarbe

Zum Verzieren:
Gebäckschmuck

Eigelb und Zucker schaumig schlagen, bis der Zucker gelöst ist. Eiweiß steif schlagen. Mehl, Speisestärke und Backpulver mischen. Abwechselnd Eiweiß und Mehlgemisch unter die Eigelb-Zucker-Masse ziehen. Eine Herzkuchenform kreuzweise mit Alustreifen auslegen und die Biskuitmasse einfüllen. Ist keine Herzkuchenform vorhanden, den Teig in eine nur am Boden gefettete Springform (24 cm Durchmesser) füllen und im vorgeheizten Backofen backen. Danach auf ein Kuchengitter stürzen und erkalten lassen. In der Zwischenzeit für die Creme das Fett schaumig schlagen. Die im Wasserbad erwärmte, dickflüssige dunkle Kuchenglasur und den Puderzucker zufügen. Alles recht schaumig schlagen und zuletzt mit Instant-Kaffee und Weinbrand abschmecken. Aus dem Tortenboden mit Hilfe einer Schablone ein Herz ausschneiden. Den Biskuit zweimal waagerecht durchschneiden, mit der Creme füllen. Für die Glasur den Puderzucker mit so viel Wasser verrühren, bis eine dickflüssige Masse entsteht. Mit roter Back- und Speisefarbe einfärben. Das gefüllte Kuchenherz damit überziehen und mit Gebäckschmuck hübsch verzieren.

Backzeit: 30-35 Minuten
Elektroherd: 175-200 Grad
Gasherd: Stufe 2-3

Ein Herz zum Verschenken. Ihre Liebsten werden begeistert sein.

Mann im Mond

Zutaten für 2 Figuren
Für den Teig:
450 g Mehl
250 g Margarine
1 Prise Salz
1 großes Eigelb
50 g Zucker
Außerdem:
Mehl zum Ausrollen
Fett für das Blech
Zum Verzieren:
400 g Marzipan-Rohmasse
1 Eigelb
200 g Puderzucker
Back- und Speisefarben
etwas Kakao
1 Eiweiß

Mehl in eine Schüssel sieben. Das weiche Fett, Salz, Eigelb und Zucker dazugeben und alles mit den Knethaken des elektrischen Handrührgerätes zu einem glatten Teig verkneten. Mindestens 30 Minuten im Kühlschrank ruhen lassen. In der Zwischenzeit nach der Zeichnung auf Seite 200 eine Pappschablone anfertigen, die etwa halb so groß wie das Backblech ist. Den Teig auf der bemehlten Arbeitsfläche etwa ½ cm dick zu einer blechgroßen Platte ausrollen. Nach der Schablone zweimal den Mann im Mond ausschneiden und auf das gefettete Backblech legen. Das linke Bein mit Schuh (1) jeweils noch einmal zusätzlich ausschneiden, mit Eigelb bestreichen und auf die ausgeschnittenen Figuren legen. Aus dem Teigrest 4 Sterne ausstechen und ebenfalls auf das Backblech legen. Im vorgeheizten Ofen goldgelb backen. Nach dem Backen die Gebäckstücke vorsichtig lösen, aber nicht vom Blech nehmen. Marzipan-Rohmasse mit Eigelb und Puderzucker verkneten und portionsweise einfärben: grüne Zipfelmütze, rote Jacke, gelbe Mondsichel und gelbe Haare mit Back- und Speisefarben, braune Schuhe und Hose mit Kakao. Das gefärbte Marzipan ausrollen und entsprechende Formen ausschneiden. Die gebackenen Figuren dünn mit Eiweiß bestreichen, die Marzipanteile in der Ziffernfolge 2-6 auflegen, leicht andrücken und eventuell korrigieren. Im geöffneten warmen Backofen trocknen, nicht bräunen. Zum Verstärken mit Zuckerglasur Pappschablonen auf die Rückseite der Figuren kleben; jeweils 2 lange Bindfäden mit einkleben. Je zwei Sterne zusammenkleben, dabei zum Aufhängen ebenfalls jeweils einen Bindfaden mit einkleben.

Backzeit: 10-15 Minuten
Elektroherd: 200 Grad
Gasherd: Stufe 3

Das ist was für die Kleinen: Ein Mann im Mond, aus Mürbeteig gebacken. Durch die aufgelegten bunten Marzipanteile wirkt er schön plastisch.

Christkindl-Torte

Für den Teig:
150 g Margarine, z. B. Sanella
150 g Zucker
1 Beutel Orange-back
1 Prise Salz
½ TL Zimt
½ TL Ingwerpulver
6 Eigelb
100 g Raspelschokolade
1 Beutel Back-Kakao
100 g gemahlene Mandeln
6 Eiweiß
2 EL Zucker
175 g Mehl
2 TL Backpulver

Außerdem:
Fett für die Form
Paniermehl für die Form

Zum Tränken:
1 Tasse Kaffee (150 ml)
1 Beutel Rum-back
je 1 Messerspitze Zimt, Kardamom, Nelkenpfeffer, Ingwerpulver und gemahlene Nelken

Für die Füllung:
1 Becher (200 ml) Schlagsahne
1 Päckchen Vanillinzucker
150 g Halbbitter-Kuvertüre
1 Beutel Rum-back

Für den Belag:
250 g Marzipan-Rohmasse

Zum Verzieren:
150 g Marzipan-Rohmasse
150 g Puderzucker
Back- und Speisefarben

Für die Glasur:
250 g Puderzucker
3-4 EL heißes Wasser
rote Back- und Speisefarbe

Das Christkind läßt grüßen: Festliche Torte, lecker gefüllt.

Margarine mit den Schneebesen des elektrischen Handrührgerätes schaumig rühren. Den Zucker nach und nach dazugeben und so lange weiterrühren, bis er sich vollständig aufgelöst hat. Orange-back, Salz, Zimt, Ingwerpulver und die Eigelb dazugeben, alles sehr cremig rühren. Raspelschokolade, Back-Kakao und die Mandeln nach und nach unterrühren. Eiweiß sehr steif schlagen, unter Schlagen den Zucker einrieseln lassen und den Eischnee auf die Crememasse geben. Mehl mit Backpulver darübersieben. Alles locker miteinander vermischen. Den Teig in eine gefettete und mit Paniermehl ausgestreute Springform (26 cm Durchmesser) füllen. Im vorgeheizten Backofen backen. Danach auf ein Kuchengitter stürzen und erkalten lassen. Zweimal waagerecht durchschneiden. Die Zutaten zum Tränken miteinander vermischen und die Böden mit der Flüssigkeit tränken. Für die Füllung die Sahne steif schlagen, Vanillinzucker unterschlagen und die im Wasserbad aufgelöste Kuvertüre und das Rum-back unterziehen. Zwei Böden mit der Schokoladensahne bestreichen und die Torte wieder zusammensetzen. Für die Tortendecke Marzipan-Rohmasse dünn ausrollen und im Durchmesser der Torte eine runde Platte ausschneiden. Marzipan am Rand leicht andrücken. Für die Verzierung

Weihnachtsbaum-Torte

Für den Teig:
2 Packungen Backmischung »Obstkuchenteig«
250 g Margarine
2 Eier
2 EL Rum oder Kirschwasser

Für die Füllung:
300 g getrocknete Aprikosen
Saft 1 Zitrone
¼ l Wasser
250 g Zucker
evtl. grüne Back- und Speisefarbe

Zum Verzieren:
200 g Puderzucker
1 Eiweiß
ein paar Tropfen Zitronensaft

Für den Teig die beiden Backmischungen nacheinander getrennt zubereiten: Einen Beutelinhalt mit 125 g Fett, 1 Ei und 1 Eßlöffel Rum oder Kirschwasser in einer Schüssel mit den Knethaken des elektrischen Handrührgerätes kurz durchmischen, dann mit den Schneebesen auf der höchsten Stufe in 3-4 Minuten zu einem glatten Teig rühren. Backpapier von 30 x 35 cm Größe ausschneiden, auf ein Backblech legen und mit der ersten angerührten Teigmischung möglichst gleichmäßig bestreichen. Im vorgeheizten Backofen hellgelb backen. In der Zwischenzeit aus Pappe in Blechgröße einen einfachen Tannenbaum in groben Umrissen ausschneiden. Sofort nach dem Backen nach der Schablone einen Tannenbaum aus der Kuchenplatte schneiden. Erkalten lassen, Backpapier abziehen. Die zweite Backmischung ebenfalls wie oben beschrieben zubereiten und backen. Noch warm mit einer Ausstechform 30-36 Sterne von etwa 3 cm Durchmesser ausstechen, abkühlen lassen. Für die Füllung die gewaschenen Aprikosen mit Zitronensaft und Wasser bei milder Hitze quellen lassen. Sud abgießen und beiseite stellen. Die Aprikosen im Mixer pürieren. Zucker und zurückbehaltenen Sud zu Sirup kochen, Aprikosenpürée zugeben, unter Rühren im Topf kochen, bis die Masse pastenartig ist. Eventuell mit Back- und Speisefarbe grün färben. Abgekühlt auf den Tannenbaum verteilen. Gesiebten Puderzucker mit Eiweiß und Zitronensaft zu einer dickflüssigen Glasur verrühren. Den Tortenrand und die Sterne damit bestreichen, trocknen lassen. Die Sterne auf der Tannenbaumfüllung verteilen.

Backzeit: 15-20 Minuten
Elektroherd: 200 Grad
Gasherd: Stufe 3

Marzipan und Puderzucker miteinander verkneten. Nach Belieben mit Back- und Speisefarben unterschiedlich einfärben. Dann zwischen Folie ½ cm dick ausrollen und Figuren ausschneiden. Für die Glasur den Puderzucker mit so viel Wasser verrühren, daß eine dickflüssige Masse entsteht. Mit Back- und Speisefarbe rosa einfärben. Die ganze Torte mit der Glasur überziehen. Die Marzipanfiguren auf die noch feuchte Glasur legen.

Backzeit: 45-55 Minuten
Elektroherd: 175-200 Grad
Gasherd: Stufe 2-3

Herzen am Band

Für den Teig:

100 g Margarine
125 g Bienenhonig
125 g Sirup
125 g Zucker
½ Päckchen
Pfefferkuchengewürz
1 EL Kakao
1 Ei
1 Prise Salz
½ Päckchen Backpulver
500 g Mehl
50 g gemahlene Haselnüsse

Außerdem:

Mehl zum Ausrollen
Fett für das Blech

**Zum Verzieren
und Zusammensetzen:**

200 g Puderzucker
1 kleines Eiweiß
Back- und Speisefarben
Gebäckschmuck
breite Goldbänder

Fett, Honig, Sirup und Zukker in einem Topf erhitzen und rühren, bis der Zucker gelöst ist. Abkühlen lassen. Restliche Teigzutaten mischen, mit den Knethaken des elektrischen Handrührgerätes unterkneten. Den Teig 1–2 Stunden kühl stellen. Danach auf der bemehlten Arbeitsfläche etwa 3 mm dick ausrollen und Herzen ausstechen. Auf ein gefettetes Backblech legen und im vorgeheizten Backofen bakken. Vom Blech lösen und erkalten lassen. Puderzucker und Eiweiß zu einer spritzfähigen Glasur verrühren. Je 2 Herzen mit Glasur zusammensetzen. Dazwischen ein Goldband zum Aufhängen legen. Restliche Glasur nach

Belieben mit Back- und Speisefarben einfärben. In kleine Spritztüten aus Pergamentpapier füllen und die Herzen damit verzieren. Mit Gebäckschmuck dekorieren.

Backzeit: etwa 15 Minuten
Elektroherd: 175-200 Grad
Gasherd: Stufe 2-3

Tannenbaum

Für den Teig:

150 g Margarine oder Butter
200 g Zucker
1 Päckchen Vanillinzucker
1 Prise Salz
5 Eigelb
1 Päckchen
Pfefferkuchengewürz
200 g Vollmilchschokolade
125 g gemahlene Mandeln
125 g gemahlener Zwieback
1 TL Backpulver
5 Eiweiß

Außerdem:

Fett für die Form

Zum Verzieren:

150 g Puderzucker
1-2 EL Zitronensaft
rote, gelbe und grüne
Back- und Speisefarbe
oder
Zuckerschrift
1 EL Puderzucker

Fett und Zucker in einer Schüssel schaumig rühren. Vanillinzucker, Salz und nacheinander die Eigelb zufügen und kräftig weiterrühren. Pfefferkuchengewürz, geriebene Schokolade, Mandeln, Zwiebackbrösel und Backpulver zufügen und unterrühren. Eiweiß steif schlagen

und zum Schluß unter die Masse ziehen. Den Teig in eine gefettete Zauberbäumchenform aus Keramik füllen und im vorgeheizten Backofen backen. Aus der Form stürzen und auf einem Kuchengitter auskühlen lassen. Puderzucker mit so viel Zitronensaft verrühren, daß eine spritzbare Masse entsteht. Die Glasur in 4 Portionen teilen. Mit Back- und Speisefarben rot, gelb und grün färben, einen Teil weiß lassen. Die Glasuren in kleine Spritztüten aus Pergamentpapier füllen und die Konturen des Tannenbaumes mit weißer und grüner Glasur nachspritzen. Aus roter und gelber Glasur kleine Lichtlein spritzen. Statt mit Glasur können Sie den Tannenbaum auch mit Zuckerschrift verzieren. Gut trocknen lassen. Danach den Tannenbaum ganz leicht mit Puderzucker bestäuben.

Backzeit: etwa 40 Minuten
Elektroherd: 175-200 Grad
Gasherd: Stufe 2-3

Ein wahres Schmuckstück ist dieser Tannenbaum aus einem würzigen Schokoladenrührteig. Er wird mit Zuckerglasur oder Zuckerschrift bunt verziert und anschließend leicht mit Puderzucker bestäubt.

Sechs Engel aus einem Grundteig, geschmacklich abgewandelt durch unterschiedliche Gewürze

Weihnachtsengel

Für den Teig:

175 g Margarine oder Butter

175 g Zucker

1 Prise Salz

1 Päckchen Vanillinzucker

2 Eier

225 g Mehl

25 g Speisestärke

1 TL Backpulver

evtl. 3 EL Milch

Nach Belieben:

Zusätzliche Zutaten siehe nachstehende Rezepte.

Außerdem:

Fett für die Form

2 EL Paniermehl oder

2 EL gemahlene Mandeln

Zum Verzieren:

etwa 250 g Puderzucker

3-4 EL Wasser oder

1 großes Eiweiß

Back- und Speisefarben oder Zuckerschrift

Zuckerblümchen

Gebäckschmuck

bunte Zuckerstreusel

Fett, Zucker, Salz und Vanillinzucker schaumig rühren. Die Eier nacheinander unterrühren und so lange weiterrühren, bis der Zucker gelöst ist. Mehl, Speisestärke und Backpulver mischen, sieben und unterheben. Wenn der Teig zu fest ist – er muß schwerreißend vom Löffel fallen –, noch die Milch zufügen. Dann je nach Geschmack die in nachstehenden Rezepten genannten Zutaten noch unterrühren. Den Teig in eine gefettete, mit Paniermehl oder gemahlenen Mandeln ausgestreute Engel-Form geben und im vorgeheizten Backofen backen.

143

Danach noch etwa 10 Minuten in der Form lassen, dann auf ein Kuchengitter stürzen und erkalten lassen. Für die Verzierung Puderzucker mit Wasser oder Eiweiß zu einer Zuckerglasur verrühren. Zum Spritzen muß sie eine dickflüssige Konsistenz haben, zum Überziehen und Ausmalen der Flächen kann sie etwas flüssiger sein. Die Zuckerglasur in mehrere Schälchen verteilen und mit Back- und Speisefarben nach Belieben verschieden einfärben. In kleine Spritztüten aus Pergamentpapier füllen und die Konturen spritzen. Die Flächen ebenfalls mit Glasur bespritzen oder mit einem kleinen Borstenpinsel ausmalen. Wenn Sie sich die Arbeit etwas erleichtern wollen, können Sie zum Verzieren statt der Puderzuckerglasur auch fertige Zuckerschrift verwenden. Dann die Engel mit Zuckerblümchen, Gebäckschmuck und bunten Zuckerstreuseln verzieren.

Backzeit: etwa 70 Minuten
Elektroherd: 175-200 Grad
Gasherd: Stufe 2-3

Je nach Geschmack können Sie nachstehende Zutaten noch unter den Teig rühren:

Kokos-Engel

| 40 g Kokosraspeln mit |
| 10 g Margarine und 1 EL Zucker leicht geröstet |

Gewürz-Engel

| 3 EL Honig |
| ½ TL Zimt |

| 1 Messerspitze gemahlene Nelken |
| ½ TL gemahlener Kardamom |

Mandel-Engel

| 40 g gehackte Mandeln |
| 1 EL gewürfeltes Zitronat |

Orangen-Engel

| 40 g gewürfeltes Orangeat |
| 1 TL Citro-back |
| 1 Beutel Rum-back |

Nuß-Engel

| 40 g geröstete gemahlene Mandeln |
| 40 g Raspelschokolade |

Schokoladen-Engel

| 20 g Kakao oder 1 Doppelbeutel Back-Kakao |
| 30 g gemahlene Mandeln |
| ½ TL Zimt |
| 1 EL Milch |

Baumanhänger

| Zutaten für etwa 15 Anhänger |
| **Für den Teig:** |
| 500 g Mehl |
| 1 TL Backpulver |
| 1 EL Lebkuchengewürz |
| 1 TL Orange-back |
| 100 g Zucker |
| 100 g Honig |
| 125 g Sirup |
| ⅛ l Milch |
| **Zum Verzieren:** |
| 3 EL Dosenmilch |
| ganze Mandeln |
| Belegkirschen |
| Pistazien |
| Hagelzucker |

| 100 g Puderzucker |
| 1 EL heißes Wasser |
| Back- und Speisefarben |
| Gebäckschmuck |

Mehl mit Backpulver, Lebkuchengewürz und Orange-back vermischen. Zucker, Honig, Sirup und Milch zufügen und alles mit den Knethaken des elektrischen Handrührgerätes zu einem geschmeidigen Teig verkne-

Beim Verzieren dieser lustigen Baumanhänger sind Ihrer Phantasie keine Grenzen gesetzt.

ten. Mindestens 1 Stunde im Kühlschrank ruhen lassen. Auf der bemehlten Arbeitsfläche etwa ½ cm dick ausrollen. Mit Ausstechförmchen Figuren ausstechen oder nach selbstgefertigten Schablonen mit einem spitzen Messer ausschneiden. Einige mit Dosenmilch bepinseln und mit Mandeln, kandierten Kirschen, Pistazien und Hagelzucker verzieren.

Alle Lebkuchenfiguren auf ein gefettetes oder mit Backpapier ausgelegtes Backblech legen. Um Löcher für die Anhänger zu bekommen, je ein Makkaronistückchen in den Teig stecken. Im vorgeheizten Backofen backen. Makkaronistücke entfernen und Kuchenanhänger auskühlen lassen. Puderzucker mit heißem Wasser glattrühren. Die Glasur mit Back-

und Speisefarben unterschiedlich einfärben, in kleine Spritztüten aus Pergamentpapier füllen und die Baumanhänger mit Glasur und Gebäckschmuck verzieren. Zum Aufhängen Goldfäden oder bunte Schleifchen durch die Löcher ziehen.

Backzeit: 8-10 Minuten
Elektroherd: 200 Grad
Gasherd: Stufe 3

Im Geschenkkarton hübsch verpackt: Weihnachtstorte „O Tannenbaum" und Regenbogentorte.

Weihnachtstorte „O Tannenbaum"

Für den Teig:

200 g Margarine

250 g Zucker

6 mittelgroße Eier

3 TL Zimt

2 TL gemahlene Nelken

1 Prise Salz

250 g gemahlene Haselnüsse

100 g Paniermehl

100 g feingewürfeltes Orangeat

1 Gläschen (2 cl) Cointreau

Für die Füllung:

2 Orangen

2 EL Cointreau

1 EL Zucker

½ Päckchen klarer Tortenguß

3 EL Wasser

1 Paket (200 g) Nußnougat

Zum Verzieren:

250 g Puderzucker

3-4 EL Orangensaft

grüne, blaue und rote Back- und Speisefarbe

Fett schaumig rühren. Zucker zufügen. Ein Ei nach dem anderen einrühren und so lange weiterrühren, bis der Zucker gelöst ist. Gewürze, Nüsse und Paniermehl mischen und unterrühren. Orangeat und Cointreau zufügen. Ein Backblech mit Backpapier auslegen. Den Teig über die Breite des Bleches verteilen und so weit auseinanderstreichen, daß beim Durchschneiden zwei Quadrate entstehen. Überstehendes Papier zu einer Kante als Begrenzung falzen. Im vorgeheizten Backofen backen. Den Kuchen in der Mitte durchschneiden. Die beiden Kuchenplatten vom Backblech nehmen und auf einem Kuchengitter erkalten lassen. Dann das Papier abziehen. Orangen schälen, häuten und würfeln. Zusammen mit Cointreau und Zucker in einen Topf geben und aufkochen. Tortenguß mit Wasser glattrühren und die Orangenmasse damit binden. So lange kühl stellen, bis sie anfängt fest zu werden. Beide Böden mit erwärmtem Nußnougat bestreichen. Orangenmasse auf den unteren Boden verteilen. Den zweiten Boden mit der Nougatseite darauflegen. Die Torte kühl stellen. Puderzucker und Orangensaft zu einer spritzfähigen Glasur verrühren. Je 3 Eßlöffel abnehmen und mit Back- und Speisefarben grün, rot und lila färben. Die Torte mit der weißen Glasur überziehen. Trocknen lassen. Die bunten Glasuren in kleine Spritztüten aus Pergamentpapier füllen und die Torte mit »O Tannenbaum« beschriften. Zur Beschriftung der Torte können Sie auch Zuckerschrift verwenden. Es gibt sie in verschiedenen Farben und ist einfach zu handhaben.

Backzeit: etwa 30 Minuten
Elektroherd: 200 Grad
Gasherd: Stufe 3

Regenbogentorte

Für den Teig:

250 g Margarine oder Butter

200 g Zucker

1 Päckchen Vanillinzucker

4 mittelgroße Eier

1 Prise Salz

1 Päckchen Lebkuchengewürz

200 g Mehl

50 g Speisestärke

3 TL Backpulver

3 EL Kakao oder

3 Beutel Back-Kakao

2 EL Milch

Zum Tränken:

4-6 EL Rum oder

2-3 Doppelbeutel Rum-back

Zum Bestreichen:

2 Gläser Preiselbeeren (à 210 g)

Außerdem:

250 g Marzipan-Rohmasse

180 g Puderzucker

300 g Halbbitter-Kuvertüre

150 g Puderzucker

2-3 EL Wasser

rote, gelbe, blaue und grüne Back- und Speisefarbe

Fett schaumig rühren. Zucker und Vanillinzucker zufügen. Ein Ei nach dem anderen einrühren. So lange weiterrühren, bis der Zucker gelöst ist. Gewürze, Mehl, Speisestärke, Backpulver und Kakao mischen und unterrühren. Zum Schluß die Milch zufügen. Ein Backblech mit Backpapier auslegen. Den Teig über die Breite des Bleches verteilen und so weit auseinanderstreichen, daß beim Durchschneiden zwei Quadrate entstehen. Das überstehende Backpapier zu einer Kante als Begrenzung falzen, damit der Teig nicht verläuft. Im vorgeheizten

147

Backofen backen. Danach die Kuchenplatte in der Mitte durchschneiden. Jeden Boden einmal waagerecht halbieren. Alle Böden mit Rum beträufeln und mit Preiselbeeren bestreichen. Übereinandersetzen und den Rand ebenfalls mit Preiselbeeren bestreichen. Marzipan-Rohmasse und Puderzucker verkneten. Zu einem Quadrat von ca. 50 x 50 cm ausrollen, über die Torte legen. Das Marzipan an den Ecken ausschneiden, dann die Seitenteile andrücken. Kuvertüre im Wasserbad schmelzen und die Torte damit überziehen, trocknen lassen. Puderzucker mit so viel Wasser verrühren, daß eine spritzfähige Masse entsteht. Die Glasur in 5 Schälchen verteilen und mit Back- und Speisefarben in den Regenbogenfarben einfärben. Die Glasuren in Spritztüten aus Pergamentpapier füllen und auf die Torte einen Regenbogen spritzen.

Backzeit: etwa 30 Minuten
Elektroherd: 200 Grad
Gasherd: Stufe 3

Engel aus Plunderteig

Zutaten für 2 Engel
Für den Teig:
1 Paket TK-Blätterteig (300 g)
20 g Hefe
¼ l lauwarme Milch
2 EL Zucker
500 g Mehl
1 Ei
50 g Margarine oder Butter
1 Prise Salz
Außerdem:
Mehl zum Ausrollen
Fett für das Blech
1 Eigelb und etwas Milch zum Bestreichen
4 Korinthen für die Augen
etwas Eigelb
Puderzucker zum Bestäuben

Den Blätterteig bei Zimmertemperatur auftauen lassen. Die Hefe in eine Schüssel geben, mit der Milch, dem Zucker und etwas Mehl glattrühren. Restliches Mehl, Ei, Fett und Salz dazugeben und alles mit den Knethaken des elektrischen Handrührgerätes zu einem glatten Teig verkneten. Zugedeckt an einem warmen Ort bis zur doppelten Größe gehen lassen. Die Blätterteigscheiben auf der bemehlten Arbeitsfläche nebeneinanderlegen. Den Hefeteig nochmals durchkneten und doppelt so groß ausrollen wie der Blätterteig. Den Hefeteig mit den Blätterteigplatten zur Hälfte belegen und die andere Teighälfte darüberschlagen. Nach einer Richtung leicht ausrollen, dreimal zusammenfalten und zugedeckt 10 Minuten

kühl stellen. In entgegengesetzter Richtung wieder ausrollen, wieder dreimal falten und kühl stellen. Diesen Vorgang insgesamt dreimal wiederholen. Dann den Teig in Größe des Backblechs ausrollen und zwei Engel ausschneiden. Hierfür nach der Zeichnung auf Seite 200 eine Schablone etwa in halber

Sie werden staunen, wie schnell Sie diesen Engel aus Plunderteig zaubern können.

Backblechgröße anfertigen. Arme und Flügel noch einmal getrennt aufzeichnen. Dann nach den Schablonen 2 Engel und zusätzlich 2 Flügelpaare und 2 Paar Arme aus dem Teig schneiden. Die Engel auf ein gefettetes Backblech legen. Eigelb mit Milch verrühren, Engel damit bestreichen. Aus Teigresten winzige Röllchen drehen, als Locken ums Engelshaupt legen. Aus einem Teigröllchen die Nase formen. Die Augen mit Korinthen markieren. Flügel und Arme mit Eigelb ankleben. Alles nochmals mit Eimilch bestreichen. Im vorgeheizten Backofen goldgelb backen. Die Engel noch warm mit Puderzucker bestäuben und möglichst frisch essen.

Backzeit: 20-25 Minuten
Elektroherd: 225 Grad vorheizen/200 Grad backen
Gasherd: Stufe 4 vorheizen/Stufe 3 backen

Geschenk-anhänger aus Lebkuchen

Für den Teig:

250 g Honig

250 g brauner Zucker

150 g Margarine

500 g Mehl

2 TL Lebkuchengewürz

2 EL Kakao oder

1 Doppelbeutel Back-Kakao

1 Ei

1 TL Pottasche

2 EL Rum oder

1 Doppelbeutel Rum-back

Außerdem:

Fett für das Blech

Mehl zum Ausrollen

Für die Glasur:

250 g Puderzucker

2 EL Zitronensaft

evtl. Back- und Speisefarben

Honig, Zucker und Margarine in einem Topf erhitzen, bis sich der Zucker vollkommen aufgelöst hat. Abkühlen lassen. Gesiebtes Mehl, Lebkuchengewürz, Kakao und das Ei mit den Knethaken des elektrischen Handrührgerätes gleichmäßig unter die Honigmischung arbeiten. Die Pottasche in Rum auflösen und dazugeben. Den Teig nun so lange kneten, bis er nicht mehr klebt und schön glänzt. Sollte der Teig noch zu weich sein, eßlöffelweise noch etwas Mehl unterkneten, bis er fest und formbar ist. Die Schüssel mit Folie abdecken und den Lebkuchenteig über Nacht bei Zimmertemperatur ruhen lassen. Den Teig auf der bemehlten Arbeitsfläche etwa ½ cm dick ausrollen. Für die Geschenkanhänger beliebige Formen ausschneiden oder ausstechen. Auf ein gefettetes Backblech legen und im vorgeheizten Backofen bakken. Für die Glasur Puderzucker mit Zitronensaft glattrühren, eventuell mit Back- und Speisefarben unterschiedlich einfärben. In kleine Spritztüten aus Pergamentpapier füllen und die Lebkuchen damit beschriften oder verzieren.

Backzeit: 15-18 Minuten
Elektroherd: 180 Grad
Gasherd: Stufe 3

TIP Zur Beschriftung oder Verzierung können Sie natürlich auch Zuckerschrift verwenden, die in verschiedenen Farben angeboten wird.

Diese lustigen Anhänger aus Lebkuchenteig geben Ihren Geschenken eine ganz persönliche Note. Sie können sie natürlich auch je nach Geschmack ganz bunt verzieren.

Geschenkpäckchen

Für den Teig:
200 g Halbbitter-Schokolade
150 g Margarine
140 g Zucker
8 Eigelb
150 g Mehl
50 g gemahlene Mandeln
1 TL Backpulver
8 Eiweiß
30 g Zucker

Für die Füllung:
½ Glas Preiselbeeren

Zum Verzieren:
200 g Puderzucker
etwa 3 EL Wasser
rote, gelbe, blaue und grüne Back- und Speisefarbe
50 g Halbbitter-Kuvertüre
einige Zuckerperlen oder Gebäckschmuck

Schokolade zerbröckeln und im Wasserbad schmelzen, abkühlen lassen. Margarine in einer Schüssel schaumig rühren, Zucker zufügen. Ein Eigelb nach dem anderen einrühren und dann die aufgelöste Schokolade zugeben. Mehl, Mandeln und Backpulver mischen und unterrühren. Eiweiß und Zucker steif schlagen und dann locker unterheben. Den Teig in eine am Boden mit Backpapier ausgelegte Springform (28 cm Durchmesser) füllen und glattstreichen. Im vorgeheizten Backofen backen. Danach aus der Form stürzen, in Alufolie einschlagen und 1-2 Tage kühl stellen. Dann den Boden zweimal waagerecht durchschneiden. Mit Preiselbeeren füllen und wieder zusammensetzen; leicht andrücken. Danach den Kuchen in Würfel schneiden (aus den Kuchenresten Rumkugeln machen). Für die Glasur den Puderzucker mit so viel Wasser verrühren, daß eine dickflüssige Masse entsteht. Die Glasur in mehrere Schälchen verteilen und nach Belieben mit Back- und Speisefarben unterschiedlich einfärben. Kuvertüre im Wasserbad schmelzen und die Kuchenstücke mit Glasur bzw. Kuvertüre überziehen. Trocknen lassen. Restliche Glasur in kleine Spritztüten aus Pergamentpapier füllen und die Kuchenstücke wie kleine Päckchen verzieren. Mit Zuckerperlen oder Gebäckschmuck dekorieren. Zum Verschenken in ein Körbchen oder eine hübsche Dose legen.

Backzeit: etwa 45 Minuten
Elektroherd: 175 Grad
Gasherd: Stufe 2

Bunte Geschenkpäckchen mal zum Aufessen: Der zarte Schokoladenteig wird mit Preiselbeeren gefüllt, mit Zuckerglasur überzogen und hübsch verziert.

Biskuittorte aus neun Quadraten. Liebevoll verziert und hübsch verpackt für den Empfänger.

Torte im Quadrat

Für den Teig:
6 Eigelb
180 g feiner Zucker
Mark ½ Vanilleschote
abgeriebene Schale ½ Zitrone, unbehandelt,
oder ½ Beutel Citro-back
6 Eiweiß
etwas Zitronensaft
160 g Mehl
1 Messerspitze Backpulver
90 g Margarine oder Butter

Für die Füllungen:
2-3 EL Aprikosenkonfitüre
2-3 EL Erdbeerkonfitüre
2-3 EL Johannisbeerkonfitüre
2-3 EL Himbeerkonfitüre
2-3 EL Orangenmarmelade

1 Doppelbeutel Rum-back
1-2 EL Kirschwasser
1-2 EL Weinbrand
100 g Zartbitter-Schokolade
100 ml Schlagsahne

Für die Schokoladenglasur:
2 Beutel dunkle Kuchenglasur

Für die gelbe Glasur:
125 g Puderzucker
1 kleines Eigelb
1 EL Milch

Für die rote Glasur:
125 g Puderzucker
2-3 EL roter Fruchtsaft

Für die weiße Glasur:
125 g Puderzucker
2-3 EL Zitronensaft oder Kirschwasser

Zum Verzieren:
verschiedene kleine Mürbeteigplätzchen

Eigelb mit Zucker, Vanillemark und Zitronenschale oder Citro-back schaumig rühren. Eiweiß mit einigen Tropfen Zitronensaft schnittfest schlagen. Mehl mit Backpulver sieben, abwechselnd mit dem Eischnee unter die Eigelb-Masse heben. Das zerlassene und wieder abgekühlte Fett zum Schluß darunterziehen. Eine viereckige Backform in Größe eines halben Backblechs wählen oder ein tiefes Backblech mit Backpapier zur Hälfte abteilen. Form bzw. Blech am Boden einfetten, Teig einfüllen. Im vorgeheizten Ofen abbacken. Den Biskuit in der Form kurz abkühlen lassen, dann stür-

153

zen. Wenn der Kuchen völlig erkaltet ist, in 9 gleich große Quadrate oder Rechtecke schneiden. Soll die Torte als Geschenk verpackt werden, die Stücke dem Karton entsprechend zuschneiden. Konfitüren und Marmelade in Schälchen verteilen und jeweils mit wenig Alkohol glattrühren. Die einzelnen Kuchenstücke waagerecht durchschneiden, jede Schnittfläche leicht mit Alkohol beträufeln und mit Konfitüre oder Marmelade bestreichen. Antrocknen lassen. 3 Stücke mit Schokoladencreme bestreichen: Hierfür die grob geriebene Schokolade mit der Sahne erhitzen, rühren, bis die Schokolade aufgelöst ist, und wieder erkalten lassen. Dann mit den Schneebesen des elektrischen Handrührgerätes sahnig aufschlagen. Die Kuchenhälften wieder zusammensetzen und die Oberflächen ebenfalls dünn mit Konfitüre oder Marmelade bestreichen, trocknen lassen. Die drei mit Schokoladencreme gefüllten Stücke mit Schokoladenglasur überziehen. Hierfür die dunkle Kuchenglasur im Wasserbad langsam erwärmen, bis die Glasur geschmolzen ist. Je zwei Stücke mit gelber, roter und weißer Glasur überziehen. Hierfür gesiebten Puderzucker mit so viel Flüssigkeit (siehe Zutaten) verrühren, daß eine dickflüssige Masse entsteht. Die Tortenstücke trocknen lassen. Die für die Verzierung vorgesehenen Plätzchen ebenfalls mit Glasur überziehen und trocknen

lassen. Dann mit etwas Glasur auf die Tortenstücke kleben.

Backzeit: 30-35 Minuten
Elektroherd: 180 Grad
Gasherd: Stufe 2

Lebkuchen-Musikanten

Zutaten für 10 Musikanten
Für den Teig:
200 g Margarine, z. B. Sanella
1 Glas Bienenhonig (500 g)
250 g Zucker
1 Päckchen Pfefferkuchengewürz
10 g Kakao oder 1 Beutel Back-Kakao
1000 g Mehl
½ Päckchen Backpulver
1 Prise Salz
2 Eier
Außerdem:
Mehl zum Ausrollen
Fett für das Blech
Zum Verzieren:
3 Eiweiß
etwa 550 g Puderzucker
evtl. Back- und Speisefarben
Gebäckschmuck
Geleefrüchte

Margarine, Honig, Zucker, Pfefferkuchengewürz und Kakao in einem Topf unter Rühren erhitzen, bis der Zucker gelöst ist. Abkühlen lassen. Mehl, Backpulver und Salz in einer Schüssel vermischen. Eier verschlagen, mit der Honigmasse verrühren, dazugeben und alles zunächst mit den Knethaken des elektrischen Handrühr-

gerätes, dann mit den Händen zu einem glatten Teig verkneten. Abgedeckt im Kühlschrank mindestens 1 Stunde ruhen lassen. In der Zwischenzeit nach der Zeichnung auf Seite 201 für die Musikanten eine Schablone ausschneiden. Den Teig auf der bemehlten Arbeitsfläche etwa ½ cm dick ausrollen, auf ein gefettetes Backblech geben und nochmals glattrollen. Die Musikanten nach der Schablone mit einem spitzen Messer ausschneiden. Im vorgeheizten Backofen bakken. Die Lebkuchenfiguren noch heiß vom Blech lösen und abkühlen lassen. Eiweiß zu steifem Schnee schlagen und so viel Puderzucker unterrühren, bis die Masse spritzbar ist. Die Musikanten mit Glasur auf Pappschablonen kleben und trocknen lassen. Restliche Glasur eventuell mit Back- und Speisefarben unterschiedlich einfärben, in kleinen Mengen in Spritztüten aus Pergamentpapier füllen und die Figuren damit bespritzen. Mit Gebäckschmuck und Geleefrüchten verzieren.

Backzeit: etwa 10 Minuten
Elektroherd: 200-225 Grad
Gasherd: Stufe 3-4

TIP Sollten die Figuren zu stark verformt sein, kann man sie noch heiß mit einem spitzen Messer nach der Schablone in Form schneiden.

Süße Musikanten aus Lebkuchenteig – einfach zum Anbeißen schön.

Dieser Sternenkuchen aus Marzipanbiskuit zaubert Weihnachtsstimmung auf den Tisch.

Sterntaler

Für den Teig:
160 g Margarine oder Butter
100 g Marzipan-Rohmasse
50 g Zucker
1 Päckchen Vanillinzucker
4 Eigelb
4 Eiweiß
50 g Zucker
80 g Mehl
60 g Speisestärke

Außerdem:
Fett für die Form
Paniermehl für die Form
100 g Marzipan-Rohmasse
100 g Puderzucker
200 g Halbbitter-Kuvertüre
Puderzucker zum Bestäuben

Fett und Marzipan-Rohmasse in kleinen Stücken in eine Schüssel geben. Zucker und Vanillinzucker dazugeben und alles mit den Schneebesen des elektrischen Handrührgerätes schaumig schlagen. Die Eigelb nacheinander unterrühren. Eiweiß mit dem Zucker steif schlagen. Die Hälfte davon unter die Fett-Zucker-Masse ziehen. Mehl und Speisestärke mischen, sieben und abwechselnd mit der anderen Hälfte des Eischnees unter den Teig mischen. Den Teig in eine gefettete und mit Paniermehl ausgestreute Sternform (1,5 l Inhalt) füllen. Im vorgeheizten Backofen backen. Marzipan-Rohmasse mit Puderzucker verkneten und 3 mm dick ausrollen. Sterne in beliebiger Größe ausstechen. Die Kuvertüre im Wasserbad schmelzen, den Kuchen damit überziehen. Einige Marzipansterne ebenfalls überziehen. Ein paar Sterne als Verzierung auf den Kuchen setzen. Wenn die Glasur getrocknet ist, den Kuchen mit Puderzucker bestäuben und mit den übrigen Sternen auf eine Platte setzen.

Backzeit: etwa 50 Minuten
Elektroherd: 200 Grad
Gasherd: Stufe 3

Nikolaus-Torte

Abbildung Seite 124/125

Für den Teig:
500 g frische Möhren
Saft und abgeriebene Schale von 2 Zitronen, unbehandelt
10 Eigelb
250 g weißer Zucker
100 g brauner Zucker
2 EL Honig
400 g gemahlene, geröstete Haselnüsse
100 g ungeschält gemahlene Mandeln
1 TL gemahlener Anis
200 g Mehl
2 TL Backpulver
10 Eiweiß

Außerdem:
Fett für das Blech

Für die Füllung:
½ Glas Aprikosenkonfitüre
400 g Marzipan-Rohmasse
150 g Margarine
200 g Puderzucker
grüne Back- und Speisefarbe

Für die Glasur:
200 g Puderzucker
etwa 2 EL heißes Wasser
rote Back- und Speisefarbe

Zum Verzieren:
bunte Schokoladen-Dragees für die Augen

rote Belegkirschen für den Mund	
1 Pfeffernuß oder ähnliches Gebäck für die Nase	
Für die Baisermasse:	
3 Eiweiß	
180 g feiner Zucker	

Die Möhren schälen, waschen und mittelfein reiben. Sofort mit Zitronensaft und -schale mischen. 5 Eigelb mit 125 g weißem Zucker schaumig schlagen, 100 g braunen Zucker und 1 EL Honig unter Schlagen hinzufügen. Je die Hälfte der Nüsse und Mandeln mit ½ TL Anis und 100 g Mehl mit 1 EL Backpulver mischen. 5 Eiweiß zu sehr steifem Schnee schlagen. Abwechselnd und in Portionen den Eischnee, die Hälfte der Möhren sowie die Nuß- und Mehlmischung unter die Eigelb-Zucker-Masse heben. Ein Backblech einfetten und mit Backpapier auslegen. Den Teig daraufstreichen und im vorgeheizten Backofen backen. Den Kuchen auf dem Blech leicht abkühlen lassen, dann stürzen, das Backpapier abziehen und mit Hilfe einer Schablone einen großen Nikolauskopf samt Zipfelmütze ausschneiden (siehe Foto Seite 124/125). Aus den restlichen Teigzutaten, wie oben beschrieben, nochmals einen Biskuitteig zubereiten, backen und einen zweiten Nikolauskopf ausschneiden. Einen Kopf mit Aprikosenkonfitüre bestreichen und trocknen lassen. Marzipan-Rohmasse mit weichem Fett und Puderzucker glattrühren, mit Back- und Speisefarbe zartgrün färben. Auf die Konfitüre streichen, den zweiten Nikolauskopf daraufsetzen.

Für die Nikolaus-Mütze den Puderzucker mit so viel heißem Wasser verrühren, daß eine dickflüssige Masse entsteht. Die Glasur mit Back- und Speisefarbe rot färben. Die Nikolaus-Mütze dann bis auf den Zipfel damit bestreichen (siehe Foto). Augen, Nase und Mund wie auf dem Foto markieren, dann die Schokoladen-Dragees, die halbierten Belegkirschen und die Pfeffernuß mit Glasur festkleben. Eiweiß mit Zucker zu einer schnittfesten Baisermasse schlagen und mit einem breiten Messer wellenförmig als Haarkranz, Bart und Mützenzipfel auftragen. Über Nacht zum Trocknen stehenlassen.

Backzeit: etwa 15 Minuten
Elektroherd: 200 Grad
Gasherd: Stufe 2-3

Lebkuchenbild mit Winterlandschaft

Zutaten für 2 Bilder
Für den Teig:
225 g Bienenhonig
150 g Sirup
50 g Zucker
50 g Margarine
2 TL Backpulver
500 g Mehl
1 Päckchen Honigkuchengewürz
1 Tasse Milch

Außerdem:
Fett für das Blech
Mehl für das Blech
Zum Verzieren:
1 Eiweiß
250 g Puderzucker
rote, grüne und gelbe Back- und Speisefarbe

Honig, Sirup, Zucker und Fett in einen Topf geben

Buntes Lebkuchenbild – die Farbtöne der Zuckerglasur mischt man sich mit Speisefarben selbst.

und unter Rühren erhitzen, bis der Zucker gelöst ist. Erkalten lassen. Backpulver, Mehl und Honigkuchengewürz vermischen und zusammen mit der Milch mit den Knethaken des elektrischen Handrührgerätes unter die Honigmasse kneten. Den Teig auf zwei leicht gefetteten, bemehlten Backblechen ausrollen. 2 Platten (28 x 40 cm) ausschneiden und nacheinander im vorgeheizten Backofen backen. Sofort vom Blech lösen und auf einem Kuchengitter erkalten lassen. Zum Bemalen Eiweiß mit so viel Puderzucker verrühren, daß eine streichfähige Masse entsteht. Die Glasur in 4 Portionen teilen und jeweils mit roter, grüner und gelber Back- und Speisefarbe färben. Einen Teil weiß lassen. Nun die Lebkuchenplatten mit einem Pinsel nach dem Foto oder aber nach eigener Phantasie bemalen.

Backzeit: etwa 15 Minuten
Elektroherd: 175 Grad
Gasherd: Stufe 2

Schaukelpferde mit Wagen

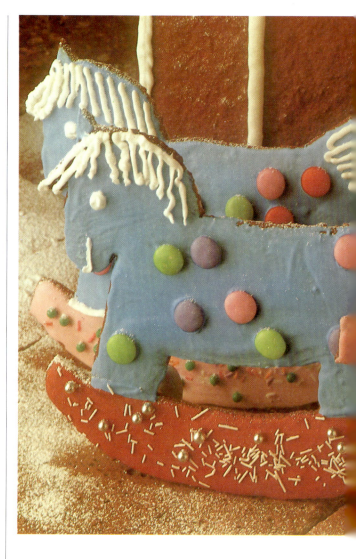

Zutaten für 4 Pferde und 2 Wagen

Für den Teig:
200 g Margarine, z. B. Sanella
1 Glas Bienenhonig (500 g)
250 g Zucker
1 Päckchen Pfefferkuchengewürz
20 g Kakao oder 1 Doppelbeutel Back-Kakao
1000 g Mehl
1 Päckchen Backpulver
1 Prise Salz
2 Eier

Außerdem:
Mehl zum Ausrollen
Fett für das Blech

Für die Spritzglasur:
2 Eiweiß
etwa 375 g Puderzucker
Back- und Speisefarben

Zum Verzieren:
Gebäckschmuck
Zuckerstreusel

Margarine, Honig, Zucker, Pfefferkuchengewürz und Kakao in einen Topf geben und unter Rühren erhitzen, bis der Zucker aufgelöst ist. Abkühlen lassen. Mehl, Backpulver und Salz in einer Schüssel vermischen. Die Eier verschlagen und zusammen mit der Honigmasse zum Mehl geben. Alles zunächst mit den Knethaken des elektrischen Handrührgerätes, dann mit den Händen zu einem glatten Teig verkneten. Zugedeckt im Kühlschrank etwa 1 Stunde ruhen lassen. Dann den Teig auf der bemehlten Arbeitsfläche etwa ½ cm dick ausrollen, auf ein gefettetes Backblech legen und nochmals glattrollen. Nach den Zeichnungen auf Seite 204/205 Pappschablonen anfertigen, Schaukelpferde und Wagenteile danach ausschneiden, den restlichen Teig entfernen. Im vorgeheizten Backofen backen. Die Figuren noch heiß vom Blech lösen und abkühlen lassen. Eiweiß zu steifem Schnee schlagen und mit so viel Puderzucker verrühren, daß eine dickflüssige, spritzbare Masse entsteht. Die Pferdchen mit Zuckerglasur auf einer Pappunterlage festkleben. Restliche Glasur mit

Bunter Backspaß aus Lebkuchenteig. Ihre Kinder werden begeistert mithelfen.

Back- und Speisefarben verschieden einfärben (einen Teil weiß lassen) und die Pferdchen und die Wagenteile damit wie auf dem Foto bestreichen. Etwas weiße Glasur in eine kleine Spritztüte aus Pergamentpapier füllen und die Schaukelpferdchen damit verzieren. Mit Gebäckschmuck und Zuckerstreusel bekleben. Dann den Wagen mit Glasur zusammensetzen und die Schaukelpferde davorspannen.

Backzeit: etwa 10 Minuten
Elektroherd: 200-225 Grad
Gasherd: Stufe 3-4

TIP Die Pferdchen sind besonders hübsch, wenn man sie nicht auf Pappe klebt, sondern von beiden Seiten mit Glasur bestreicht und verziert.

Sieht er nicht freundlich aus, dieser Schneemann aus feinem Marzipan-Rührteig?

Schneemann

Für den Teig:
250 g Marzipan-Rohmasse

3 EL Rum oder

3 Beutel Rum-back

250 g Margarine

150 g Zucker

1 Päckchen Vanillinzucker

4 Eier

3 EL Ananaskonfitüre

375 g Mehl

125 g Speisestärke

3 TL Backpulver

Außerdem:
Fett für die Form

Zum Verzieren:
2 kleine Eiweiß

375 g Puderzucker

rote und blaue Back- und Speisefarbe

etwas aufgelöste Schokolade

kleine bunte Bonbons

Marzipan-Rohmasse in kleinen Stücken, Rum, Margarine, Zucker und Vanillinzucker in eine Schüssel geben und alles mit den Schneebesen des elektrischen Handrührgerätes schaumig schlagen. Nacheinander die Eier unterrühren. Ananaskonfitüre zufügen. Mehl, Speisestärke und Backpulver mischen und zum Schluß unterrühren. Den Teig in eine gefettete Backmännchenform aus Keramik füllen und im vorgeheizten Backofen backen. Auf ein Kuchengitter stürzen und auskühlen lassen. Für die Glasur Eiweiß und gesiebten Puderzucker verrühren. Etwa 2 Eßlöffel von der Masse abnehmen und mit Back- und Speisefarbe blau und rosa färben. Mit der restlichen Glasur den Schneemann überziehen. Mit rosa Glasur den Hut und den Mund spritzen, mit blauer die Handschuhe. Die Augen aus Schokolade darauftupfen. Knöpfe und Nase aus Bonbons daraufsetzen. Einen kleinen Tannenzweig unten mit Alufolie umwickeln und dem Schneemann »in die Hand geben«.

Backzeit: etwa 60 Minuten
Elektroherd: 175 Grad
Gasherd: Stufe 2-3

Pistazien-Torte

Für den Teig:
3 Eigelb

2 EL Wasser

125 g Zucker

1 EL Vanille-Aroma

1 Beutel Citro-back

3 Eiweiß

100 g Mehl

100 g Speisestärke

3 TL Backpulver

Zum Tränken:
5 EL grüner Pfefferminzlikör

Für die Füllung:
50 g gehackte Pistazien

½ l Schlagsahne

40 g Puderzucker

1 Päckchen Vanillinzucker

4 EL grüner Pfefferminzlikör

6 Blatt weiße Gelatine

Für die Glasur:
200 g Puderzucker

3 EL grüner Pfefferminzlikör

grüne Back- und Speisefarbe

Zum Verzieren:
1 Paket Zuckerschrift

Eigelb mit Wasser und Zucker schaumig rühren, bis der Zucker gelöst ist. Vanille-Aroma und Citro-back unterrühren. Eiweiß zu steifem Schnee schlagen, auf die Eigelbmasse geben. Mehl, Speisestärke und Backpulver mischen, auf die Eimasse sieben und unterheben. Den Teig in eine mit Backpapier ausgelegte Springform (24 cm Durchmesser) geben und im vorgeheizten Backofen backen. Nach dem Backen etwas abkühlen lassen, aus der Form stürzen, auf einem Kuchengitter erkalten lassen und zweimal waagerecht durchschneiden. Den mittleren und oberen Boden mit Pfefferminzlikör tränken. Für die Füllung die gehackten Pistazien unter die steifgeschlagene Sahne ziehen. Puderzucker, Vanillinzucker und Pfefferminzlikör unterrühren. Zum Schluß die eingeweichte, bei milder Hitze aufgelöste Gelatine unter die Sahne rühren. Die Füllung auf den unteren und mittleren Boden verteilen und die drei Böden zu einer Torte zusammensetzen. Für die Glasur den Puderzucker mit Pfefferminzlikör verrühren, mit grüner Back- und Speisefarbe einfärben und die Torte damit überziehen. Trocknen lassen. Dann mit Zuckerschrift Blätter und Blüten als Verzierung auf die Torte malen.

Backzeit: 50–60 Minuten
Elektroherd: 175 Grad
Gasherd: Stufe 2

Eine Riesenpraline, die's in sich hat. Sie wartet darauf, verschenkt zu werden.

Riesenpraline

Für den Teig:
5 Eigelb
3 EL lauwarmes Wasser
150 g Zucker
5 Eiweiß
75 g Mehl
75 g Speisestärke
Außerdem:
Fett für die Form
Paniermehl für die Form
Zum Tränken:
6 EL Rum oder
3 Doppelbeutel Rum-back

Für die Füllung:
200 ml Schlagsahne
200 g Mokkaschokolade
2 EL Kaffeelikör
200 g Marzipan-Rohmasse
150 g Puderzucker und
Puderzucker zum Ausrollen
200 g Orangenmarmelade
Für die Glasur:
200 g Halbbitter-Kuvertüre
Zum Verzieren:
rote Back- und Speisefarbe
Puderzucker

Eigelb mit Wasser und Zucker mit den Schneebesen des elektrischen Handrührgerätes auf höchster Stufe dickcremig schlagen. Eiweiß steif schlagen. Mehl und Speisestärke mischen, sieben und zusammen mit dem Eischnee unter die Eigelbcreme heben. Eine quadratische Kastenform (20 cm x 20 cm) einfetten und mit Paniermehl ausstreuen. Den Teig einfüllen und glattstreichen. Im vorgeheizten Backofen backen. Aus der Form stürzen und abkühlen lassen. Den erkalteten Boden zweimal waagerecht durchschneiden. Die Böden mit Rum tränken. Für die Creme die Sahne erwärmen. Die Schokolade hineinbröckeln und darin auflösen. Den Kaffeelikör unterrühren. Abkühlen lassen und etwa ½ Stunde kalt stellen. Sobald die Creme beginnt fest zu werden, mit dem Schneebesen aufschlagen. Die Marzipan-Rohmasse mit dem Puderzucker verkneten, ein Fünftel davon beiseite stellen. Den Rest auf Puderzucker etwa 3 mm dick ausrollen. Drei Platten in Größe der Böden ausschneiden. Den untersten Teigboden dick mit Orangenmarmelade bestreichen, mit einer Marzipanplatte abdecken und die Hälfte der Creme daraufstreichen. Den zweiten Boden darauf legen und ebenso verfahren. Den dritten Boden darauf legen, mit Marmelade bestreichen und mit einer Marzipanplatte abdecken. Die Kuvertüre im Wasserbad schmelzen und die Riesenpraline dick damit überziehen. Das restliche Marzipan mit Back- und Speisefarbe rosa einfärben, ausrollen und schmale Streifen ausschneiden. Bänder und Schleife daraus formen und die Torte damit verzieren. Zum Schluß mit Puderzucker bestäuben.

Backzeit: 35-45 Minuten
Elektroherd: 180 Grad
Gasherd: Stufe 3

Früchtekuchen

Für den Teig:
5 mittelgroße Eier
200 g Zucker
1 Prise Salz
4 EL Rum oder
2 Doppelbeutel Rum-back
200 g Instant Haferflocken
3 TL Backpulver
175 g kleingeschnittene Trockenpflaumen ohne Stein
175 g kleingeschnittene getrocknete Aprikosen
175 g gehackte Haselnüsse
300 g Rosinen
100 g gehackte Mandeln
Außerdem:
1 Gläschen (2 cl) Rum oder
1 Doppelbeutel Rum-back
einige ganze getrocknete Früchte

Eier in einer Schüssel schaumig schlagen. Zucker unter ständigem Schlagen einstreuen und so lange weiterschlagen, bis der Zucker gelöst ist. Salz und Rum zufügen. Haferflocken und Backpulver mischen und unterrühren. Pflaumen, Aprikosen, Haselnüsse, Rosinen und Mandeln zufügen. Alles verrühren und den Teig in eine feuerfeste, gefettete Glasform oder in eine Gugelhupf-Form füllen. Im vorgeheizten Backofen backen. Danach aus der Form stürzen, auf einem Kuchengitter erkalten lassen und zum Verschenken wieder in die gesäuberte Kuchenform setzen. Mit erwärmtem Rum beträufeln und mit einigen ganzen Früchten belegen.

Backzeit: etwa 90 Minuten
Elektroherd: 175 Grad
Gasherd: Stufe 2

Den Früchtekuchen verschenken Sie am besten in der Glasform.

Leckere Weihnachtsbäckereien

kalorienleicht und himmlisch süß

Zur Advents- und Weihnachtszeit steht das Backen ganz hoch im Kurs. Wer kann sich Weihnachten schon ohne Plätzchen, Lebkuchen, Stollen, festliche Kuchen und Torten vorstellen? Und selbstgebacken schmecken sie nun mal am besten. Süße Naschereien gehören zu dieser Zeit zur Tagesordnung, und da fällt es selbst dem Standhaftesten schwer, seinen guten Vorsätzen treu zu bleiben und sein Kalorienlimit nicht zu überschreiten. Zu verlockend ist der Duft von „Honig, Nuß und Mandelkern", von weihnachtlichen Gewürzen, wie Zimt, Anis und Vanille, der einem immer wieder in die Nase steigt; zu schwer fällt es zu widerstehen, wenn alle naschen und sich die Vorfreude aufs Fest genußvoll versüßen.

Daß auch Kalorienbewußte auf süße Schlemmereien nicht verzichten müssen, zeigt dieses Kapitel mit kalorienleichten Rezeptvorschlägen für das weihnachtliche Backen. Bei allen Rezepten wurde natreen-Flüssig-Süßstoff verwendet, das bedeutet die Einsparung einer Menge überflüssiger Kalorien, und zwar ganz einfach, ohne großen Aufwand und

ohne auf den vollen Genuß zu verzichten. Sie finden hier himmlisch süße, jedoch kalorienleichte Weihnachtsgebäcke, die leicht nachzubakken sind und bei denen Sie

Leckere Weihnachtsbäckereien – kalorienleicht und himmlisch süß

mit gutem Gewissen zugreifen können. Damit auch alles optimal gelingt, hier noch ein paar praktische Tips für die Verwendung von Flüssig-Süßstoff beim Backen:

● Die in Backrezepten angegebene Zuckermenge kann nicht immer ohne weiteres ganz durch Süßstoff ersetzt werden, da bei einigen Teigarten die Substanz des Zuckers benötigt wird, z. B. bei Rühr- und Biskuitteigen sowie bei Baisers. Bei Hefe-, Mürbe- und Brandteigen ist die Verwendung von Süß-

stoff anstelle von Zucker dagegen unproblematisch.

● Der Süßstoff sollte immer mit Flüssigkeit oder mit Eiern verrührt werden, damit eine gleichmäßige Süßung der Speisen erzielt wird.

● Die Teige sollten stets noch ungebacken abgeschmeckt werden. Sie sollten nicht zu süß sein, da sich die Süßkraft beim Backen noch entwickelt.

● Bei der Verwendung von Süßstoff sollten Sie auf jeden Fall eine Garprobe machen, denn die Backzeit kann sich gegenüber einem Rezept mit Zucker um 5–10 Minuten verkürzen.

● Mit Süßstoff gesüßte Teige, speziell Rühr- und Biskuitteige, benötigen zur Lockerung und Erreichung des nötigen Teigvolumens viel Luft, die durch das richtige Rühren mit dem elektrischen Handrührgerät eingearbeitet wird.

● Ein zügiges Weiterverarbeiten der Teige ist wichtig. Zutaten und Backformen vor Beginn bereitstellen. Es empfiehlt sich, den Backofen vorzuheizen.

Schon der Duft ist vielversprechend: Beschwipster Apfelkuchen und würziger Adventskuchen.

Beschwipster Apfelkuchen

Für den Teig:

100 g Margarine
2 Eigelb
12 ml natreen Süsse
1 EL Magermilch
200 g Mehl
2 TL Backpulver
2 Eiweiß
20 g feingehackte Walnüsse

Für den Belag:

500 g säuerliche Äpfel, vorbereitet gewogen

Außerdem:

Fett für das Blech
100 g natreen-Aprikosenkonfitüre
1 EL Weinbrand

Margarine mit den Schneebesen des elektrischen Handrührgerätes schaumig rühren, Eigelb, natreen Süsse und Magermilch zufügen. Mehl mit Backpulver sieben, eßlöffelweise unterrühren. Eiweiß zu sehr steifem Schnee schlagen, mit gehackten Walnüssen unterheben. Äpfel schälen, vierteln, Kerngehäuse entfernen und in Spalten schneiden. Den Teig auf die Hälfte eines leicht gefetteten Backblechs streichen. Mit den Äpfeln gleichmäßig belegen. Im vorgeheizten Backofen backen. In der Zwischenzeit Aprikosenkonfitüre mit Weinbrand erwärmen. Nach 25 Minuten Backzeit den heißen Apfelkuchen damit bestreichen. Nochmals etwa 10 Minuten backen, bis der Kuchen goldgelb gefärbt ist. Ergibt 16 Stücke.

Backzeit: insgesamt etwa 35 Minuten
Elektroherd: 175 Grad
Gasherd: Stufe 2

1 Stück enthält: 15 g Kohlenhydrate, davon 1,5 g Zuckeraustauschstoff Fructose, 7 g Fett, 3 g Eiweiß, 1¼ BE, etwa 572 kJ = 135 kcal · Kalorienersparnis pro Stück durch natreen Süsse: etwa 168 kJ = 40 kcal

Adventskuchen

Abbildung Seite 169

Für den Teig:
100 g Margarine
3 Eigelb
Mark ½ Vanilleschote
14 ml natreen Süsse
2 gehäufte Messerspitzen Zimt
1 gehäufte Messerspitze gemahlene Nelken
150 g Mehl
2 TL Backpulver
2 EL Magermilch
1 EL Rum
2 Eiweiß
75 g gemahlene Haselnüsse
Für die Glasur:
75 g natreen-Aprikosenkonfitüre
1 EL Wasser
40 g Sionon-Zartbitterschokolade

Margarine mit den Schneebesen des elektrischen Handrührgerätes schaumig rühren. Eigelb, Vanillemark, natreen Süsse und Gewürze unterrühren. Das mit Backpulver vermischte, gesiebte Mehl abwechselnd mit Milch und Rum unterrühren. Eiweiß sehr steif schlagen, mit den gemahlenen Haselnüssen unter den Teig heben. Den Teig in eine mit Backpapier ausgelegte Kastenform (Länge 26 cm) füllen und im vorgeheizten Backofen backen. Aprikosenkonfitüre mit Wasser aufkochen. Den fertigen Kuchen auf ein Kuchengitter stürzen und mit der Aprikosenglasur bestreichen. Schokolade im Wasserbad auflösen. Den erkalteten Kuchen damit überziehen. Ergibt 16 Stücke.

Backzeit: etwa 45 Minuten
Elektroherd: 175 Grad
Gasherd: Stufe 2

1 Stück enthält: 9 g Kohlenhydrate, davon 2 g Zuckeraustauschstoff Fructose, 10 g Fett, 3 g Eiweiß, etwa 1 BE, etwa 600 kJ = 142 kcal · Kalorienersparnis pro Stück durch natreen Süsse: etwa 196 kJ = 46 kcal

Bärentatzen

Für den Teig:
150 g Margarine
14 ml natreen Süsse
1 Eigelb
etwas abgeriebene Zitronenschale, unbehandelt
175 g Mehl
1 Päckchen Vanillepuddingpulver
1 Messerspitze Backpulver
2 EL Magermilch
1 Eiweiß
30 g abgezogene, gemahlene Mandeln
Außerdem:
Fett für das Blech
1 EL natreen-Aprikosenkonfitüre zum Bestreichen
30 g Sionon-Zartbitterschokolade für die Glasur

Margarine mit natreen Süsse schaumig rühren. Eigelb und Zitronenschale unterrühren. Mehl mit Puddingpulver und Backpulver sieben und mit der Milch nach und nach ebenfalls unterrühren. Eiweiß steif schlagen. Eischnee und Mandeln unter den Teig heben. Den Teig in einen Spritzbeutel mit gezackter Tülle füllen, in Form von kleinen Tatzen auf ein leicht gefettetes Backblech spritzen. Im vorgeheizten Backofen backen. Die Hälfte der Tatzen auf der Unterseite dünn mit durch ein Sieb gestrichener Aprikosenkonfitüre bestreichen. Jeweils zwei Tatzen zusammensetzen. Die Schokolade im Wasserbad auflösen und die Spitzen der Tatzen hineintauchen. Ergibt 30 Stück.

Backzeit: 10-15 Minuten
Elektroherd: 175-200 Grad
Gasherd: Stufe 3-4

1 Stück enthält: 6 g Kohlenhydrate, 5 g Fett, 1 g Eiweiß, ½ BE, etwa 309 kJ = 73 kcal · Kalorienersparnis pro Stück durch natreen Süsse: etwa 105 kJ = 25 kcal

Bärentatzen und Ananas-Biskuitschnitten – ideal zur Tasse Tee oder Kaffee.

Ananasschnitten

Für den Teig:
3 Eigelb
3 EL heißes Wasser
8 ml natreen Süsse
3 Eiweiß
50 g Mehl
35 g Speisestärke
1 EL (15 g) Kakao
1½ TL Backpulver

Außerdem:
Fett und Paniermehl für die Form

Für den Belag:
8 Scheiben Ananas, ungesüßt
16 natreen-Süßkirschen

Für den Guß:
1 Päckchen klarer Tortenguß
250 ml Ananassaft, evtl. mit Wasser aufgefüllt
3 ml natreen Süsse

Zum Verzieren:
5 g Pistazienkerne

Eigelb mit Wasser und natreen Süsse schaumig schlagen. Eiweiß steif schlagen, zum Eigelb geben. Mehl, Speisestärke, Kakao und Backpulver mischen und darübersieben, locker unterheben. Den Teig in eine gefettete und mit Paniermehl ausgestreute Rehrückenform füllen und im vorgeheizten Backofen backen. Den Kuchen aus der Form stürzen und auskühlen lassen. Dann in 16 Scheiben schneiden. Diese jeweils mit einer halbierten Ananasscheibe und einer Kirsche belegen. Den Guß nach Vorschrift zubereiten und die Ananasschnitten damit überziehen. Mit Pistazien verzieren. Ergibt 16 Scheiben.

Backzeit: 20–25 Minuten
Elektroherd: 200 Grad
Gasherd: Stufe 3

1 Scheibe enthält: 7 g Kohlenhydrate, 2 g Fett, 2 g Eiweiß, ½ BE, etwa 229 kJ = 54 kcal · Kalorienersparnis durch natreen Süsse: etwa 154 kJ = 36 kcal

Zwei Torten, von denen Ihre Gäste begeistert sein werden.

Mandeltorte mit Äpfeln

Für den Teig:

100 g Mehl

1 Messerspitze Backpulver

25 g gemahlene Mandeln

50 g Margarine

1 Eigelb

1 Prise Salz

6 ml natreen Süsse

Für den Belag:

375 g säuerliche Äpfel, vorbereitet gewogen

Saft ½ Zitrone

10 g gemahlene Mandeln

100 g natreen-Stachelbeeren, gut abgetropft

1 Eigelb

1 EL heißes Wasser

6 ml natreen Süsse

2 Eiweiß

10 g Mehl

1 Messerspitze Backpulver

50 g gemahlene Mandeln

Zum Bestreuen:

10 g Mandelblättchen

Mehl mit Backpulver in eine Schüssel sieben. Mandeln, Margarine, Eigelb, Salz und natreen Süsse zugeben. Mit den Knethaken des elektrischen Handrührgerätes alles zu einem glatten Teig verkneten. Etwa 30 Minuten im Kühlschrank ruhen lassen. In der Zwischenzeit die Äpfel schälen, vierteln, Kerngehäuse entfernen und in dünne Spalten schneiden. Mit Zitronensaft beträufeln. Eine am Boden gefettete Springform (22 cm Durchmesser) mit dem ausgerollten Teig auslegen, dabei einen 3 cm hohen Rand formen, mehrmals mit einer Gabel einstechen. Den Teigboden mit den Mandeln bestreuen und mit den vorbereiteten Äpfeln und Stachelbeeren belegen. Eigelb mit Wasser und natreen Süsse schaumig rühren. Eiweiß zu steifem Schnee schlagen und auf die Eigelbmasse geben. Mehl, Backpulver und gemahlene Mandeln dazugeben und alles vorsichtig vermengen. Die Masse über das Obst geben und gleichmäßig verteilen. Mit Mandelblättchen bestreuen und im vorgeheizten Backofen backen. Ergibt 12 Stücke.

Backzeit: etwa 40 Minuten
Elektroherd: 175-200 Grad
Gasherd: Stufe 2-3

1 Stück enthält: 12 g Kohlenhydrate, 9 g Fett, 4 g Eiweiß, 1 BE, etwa 614 kJ = 145 kcal · Kalorienersparnis pro Stück durch natreen Süsse: etwa 242 kJ = 57 kcal

Mandarinen-Nußtorte

Für den Teig:

2 Eigelb

2 EL warmes Wasser

7 ml natreen Süsse

2 Eiweiß

20 g Mehl

20 g Speisestärke

½ TL Backpulver

50 g gemahlene Haselnüsse, in der Pfanne geröstet

Für die Füllung:

300 ml Magermilch

1 Päckchen Vanillepuddingpulver

7 ml natreen Süsse

30 g steifgeschlagene Schlagsahne

Zum Bestreuen:

10 g gemahlene Haselnüsse, in der Pfanne geröstet

Für den Belag:

200 g abgetropfte natreen-Mandarin-Orangen

Eigelb, Wasser und natreen Süsse mit den Schneebesen des elektrischen Handrührgerätes schaumig rühren. Eiweiß steif schlagen, auf die Eigelbmasse geben. Mehl, Speisestärke und Backpulver mischen und darübersieben. Alles vorsichtig vermengen. Gemahlene, geröstete Haselnüsse zum Schluß locker unterheben. Den Teig in eine mit Backpapier ausgelegte Springform (22 cm Durchmesser) füllen und im vorgeheizten Backofen backen. Den Tortenboden auf ein Kuchengitter stürzen und erkalten lassen. In der Zwischenzeit die Füllung zubereiten. Von der Milch 6 Eßlöffel abnehmen und damit das Puddingpulver anrühren. natreen-Süße unterrühren. Die übrige Milch zum Kochen bringen. Das angerührte Puddingpulver in die kochende Milch geben, unter ständigem Rühren kurz aufkochen lassen. Den Pudding im kalten Wasserbad unter Rühren ganz erkalten lassen. Geschlagene Sahne unterheben. Den Tortenboden einmal waagerecht durchschneiden. ⅔ der Masse auf den unteren Boden streichen, den oberen darauflegen, gut andrücken. Den Rand mit der restlichen Creme bestreichen und mit den gemahlenen, gerösteten

Haselnüssen bestreuen. Die Tortenoberfläche mit gut abgetropften Mandarinenfilets belegen. Ergibt 12 Stücke.

Backzeit: etwa 20 Minuten
Elektroherd: 200 Grad
Gasherd: Stufe 3

1 Stück enthält: 8 g Kohlenhydrate, 5 g Fett, 3 g Eiweiß, etwa ½ BE, etwa 377 kJ = 89 kcal · Kalorienersparnis pro Stück durch natreen Süsse: 296 kJ = 70 kcal

Rotwein-Birnentorte

Für den Teig:
3 Eigelb
3 EL heißes Wasser
7 ml natreen Süsse
2 Eiweiß
30 g Mehl
30 g Speisestärke
1 TL Backpulver
Für den Belag:
1 Glas natreen-Birnen (Gesamtfüllgewicht 340 g)
Für die Creme:
1 Päckchen gemahlene weiße Gelatine
5 EL Wasser
5 ml natreen Süsse
150 ml trockener Rotwein
100 ml abgetropfter Birnensaft
1 Eiweiß
30 g steifgeschlagene Schlagsahne
Zum Verzieren:
10 g geraspelte Sionon-Zartbitterschokolade

Eigelb mit Wasser und natreen Süsse sehr schaumig schlagen. Eiweiß zu steifem

So richtig zum Schlemmen: Rotwein-Birnentorte und Sachertorte.

Schnee schlagen, auf die Eigelbmasse geben. Mehl, Speisestärke und Backpulver mischen und darübersieben. Alles vorsichtig vermengen. Den Teig in eine am Boden mit Backpapier ausgelegte Springform (22 cm Durchmesser) füllen. Im vorgeheizten Backofen backen. Den Tortenboden auf ein Kuchengitter stürzen und erkalten lassen. Die Birnen gut abtropfen lassen. Gelatine mit Wasser anrühren, 10 Minuten quellen lassen. natreen Süsse, Rotwein und Birnensaft verrühren. Dann die gequollene Gelatine erwärmen, bis sie gelöst ist, mit der Flüssigkeit verrühren und kühl stellen. Wenn die Masse anfängt dicklich zu werden, das zu Schnee geschlagene Eiweiß und die Schlagsahne unterheben. Den Springformrand mit Backpapier auslegen und um den erkalteten Boden legen. Die Birnen auf dem Tortenboden verteilen, die Creme darüberstreichen. Die Torte kühl stellen. Vor dem Servieren den Springformrand mit Papier entfernen. Die Torte mit geraspelter Schokolade garnieren. Ergibt 12 Stücke.

Backzeit: etwa 15 Minuten
Elektroherd: 200 Grad
Gasherd: Stufe 3

1 Stück enthält: 6 g Kohlenhydrate, 3 g Fett, 3 g Eiweiß, 1 g Alkohol, ½ BE, etwa 297 kJ = 70 kcal · Kaloriensparnis pro Stück durch natreen Süsse: etwa 265 kJ = 63 kcal

Sachertorte

Abbildung Seite 174/175

Für den Teig:
3 Eigelb
2 EL warmes Wasser
10 ml natreen Süsse
3 Eiweiß
50 g Mehl
1 Päckchen Schokoladen-puddingpulver
20 g Kakao
1 TL Backpulver
20 g geriebene Sionon-Zartbitterschokolade
60 g Margarine oder Butter
Für die Füllung und Glasur:
150 g natreen-Aprikosen-konfitüre
1 EL Wasser
50 g Sionon-Zartbitter-schokolade
Zum Verzieren:
20 g Sionon-Alpenvollmilch-schokolade

Eigelb mit Wasser und natreen Süsse schaumig schlagen. Eiweiß zu steifem Schnee schlagen, auf die Eigelbmasse geben. Mehl, Puddingpulver, Kakao und Backpulver mischen und darübersieben. Geriebene Schokolade dazugeben und alles vorsichtig vermengen. Zum Schluß nach und nach das zerlassene und wieder abgekühlte Fett unterziehen. Den Teig in eine mit Backpapier ausgelegte Springform (22 cm Durchmesser) füllen und im vorgeheizten Backofen backen. Den Tortenboden aus der Form nehmen und auf einem Kuchengitter erkalten lassen. Einmal waagerecht durchschneiden. Mit ⅔ der durch ein Sieb ge-

strichenen Konfitüre füllen. Den Rest der Konfitüre mit dem Wasser erhitzen. Oberfläche der Torte ganz damit bestreichen. Schokolade im Wasserbad auflösen. Die Torte damit überziehen. Erkalten lassen. Vollmilchschokolade im Wasserbad auflösen. Die Torte damit verzieren. Ergibt 16 Stücke.

Backzeit: etwa 35 Minuten
Elektroherd: 175-200 Grad
Gasherd: Stufe 2-3

1 Stück enthält: 8 g Kohlenhydrate, davon 4 g Zuckeraustauschstoff Fructose, 7 g Fett, 2 g Eiweiß, etwa ½ BE, etwa 436 kJ = 103 kcal · Kaloriensparnis pro Stück durch natreen Süsse: etwa 140 kJ = 33 kcal

TIP Zum Überziehen der Sachertorte wird die flüssige und noch heiße Schokolade in die Mitte des Gebäcks gegossen und dann schnell mit einem breiten Messer gleichmäßig nach allen Seiten zum Rand verstrichen. Die Glasur am Rand herunterlaufen lassen und ebenfalls gleichmäßig verstreichen. Nicht im Kühlschrank erkalten lassen, da die Schokoladenglasur bei starken Temperaturschwankungen fleckig wird und unappetitlich aussieht. Zum Verzieren die geschmolzene Vollmilchschokolade in kleine selbstgedrehte Spritztüten aus Pergamentpapier füllen.

Weihnachtskranz

Für den Teig:
3 Eigelb

3 EL heißes Wasser

10 ml natreen Süsse

3 Eiweiß

50 g Mehl

35 g Speisestärke

15 g Kakao

1 TL Lebkuchengewürz

1½ TL Backpulver

Außerdem:
Fett und Paniermehl für die Form

Zum Füllen und Bestreichen:
2 EL natreen-Sauerkirsch-konfitüre

⅛ l Schlagsahne

1 TL Sahnesteif

4 ml natreen Süsse

5 g Kakao

2 TL Rum

Zum Verzieren:
15 g gehackte Sionon-Zartbitterschokolade

1 TL natreen-Sauerkirsch-konfitüre

Eigelb mit Wasser und natreen Süsse schaumig schlagen. Eiweiß steif schlagen, auf die Eigelbmasse geben. Mehl, Speisestärke, Kakao, Lebkuchengewürz und Backpulver mischen und darübersieben. Alles locker vermengen. Den Teig in eine gefettete und mit Paniermehl ausgestreute Kranzform (24 cm Durchmesser) füllen. Im vorgeheizten Backofen backen. Den Biskuit auf ein Kuchengitter stürzen und erkalten lassen. Anschließend zweimal waagerecht durchschneiden. Den unteren Kranz mit Konfitüre bestreichen, den mittleren Kranz daraufset-zen. Sahne mit Sahnesteif und natreen Süsse steif schlagen. Kakao und Rum unterheben. Einen Teil der Sahne auf den mittleren Kranz streichen, den oberen Kranz daraufsetzen. Den ganzen Kranz dünn mit der restlichen Sahne bestreichen und mit gehackter Schokolade bestreuen. Den Cremerest in kleinen Rosetten auf den Kranz spritzen, mit durch ein Sieb gestrichener Konfitüre verzieren. Ergibt 16 Stücke.

Backzeit: etwa 25 Minuten
Elektroherd: 175-200 Grad
Gasherd: Stufe 2-3

1 Stück enthält: 6 g Kohlenhydrate, davon 1 g Zuckeraustauschstoff Fructose, 4 g Fett, 2 g Eiweiß, ½ BE, etwa 290 kJ = 68 kcal · Kalorienersparnis pro Stück durch natreen Süsse: etwa 196 kJ = 46 kcal

Schachbrett-kuchen

Für den Teig:
75 g Margarine

etwas Mark einer Vanilleschote

2 Eigelb

10 ml natreen Süsse

125 g Mehl

1 TL Backpulver

3 EL Magermilch

2 Eiweiß

30 g gemahlene Mandeln

1 EL Kakao

½ TL Zimt

Außerdem:
Fett für die Form

Für die Glasur:
50 g natreen-Aprikosen-konfitüre

1 EL Wasser

Zum Verzieren:
50 g steifgeschlagene Schlagsahne

2 ml natreen Süsse

Die Margarine schaumig rühren, Vanillemark, Eigelb und natreen Süsse unterrühren. Mehl und Backpulver sieben und mit der Milch nach und nach unterrühren. Eiweiß steif schlagen, abwechselnd mit den Mandeln unter den Teig heben. Die Hälfte des Teiges mit Abständen als Tupfen in eine am Boden gefettete Springform (22 cm Durchmesser) spritzen. Kakao und Zimt unter den Teigrest rühren und als dunkle Tupfen zwischen die hellen Tupfen spritzen. Im vorgeheizten Backofen backen. Den Kuchen auf ein Kuchengitter stürzen. Durch ein Sieb gestrichene Aprikosenkonfitüre mit dem Wasser erwärmen. Den noch heißen Kuchen damit bestreichen. Vor dem Servieren mit gesüßter Sahne verzieren. Ergibt 12 Stücke.

Backzeit: 25-30 Minuten
Elektroherd: 175 Grad
Gasherd: Stufe 2

1 Stück enthält: 10 g Kohlenhydrate, davon 1 g Zuckeraustauschstoff Fructose, 9 g Fett, 3 g Eiweiß, etwa 1 BE, etwa 563 kJ = 133 kcal · Kalorienersparnis pro Stück durch natreen Süsse: etwa 224 kJ = 53 kcal

Sesamringe

Abbildung Seite 166/167

Für den Teig:
75 g Margarine
Mark ½ Vanilleschote
1 TL natreen-Aprikosen-konfitüre
10 ml natreen Süsse
1 Eigelb
175 g Mehl
Außerdem:
Mehl zum Ausrollen
1 Eiweiß
einige Tropfen natreen Süsse
30 g Sesamsamen
etwas Zimt

Margarine mit Vanillemark, Konfitüre und natreen Süsse schaumig rühren. Eigelb und einen Teil des gesiebten Mehls nach und nach zugeben. Rest des Mehls unterkneten. Den Teig etwa 30 Minuten im Kühlschrank ruhen lassen. Anschließend auf der leicht bemehlten Arbeitsfläche etwa ½ cm dick ausrollen und kleine gezackte Ringe (etwa 6 cm Durchmesser) ausstechen. Auf ein mit Backpapier belegtes Backblech legen. Eiweiß mit etwas natreen Süsse verrühren, die Ringe damit bestreichen und mit Sesamsamen und wenig Zimt bestreuen. Im vorgeheizten Backofen backen. Ergibt 25 Stück.

Backzeit: 12–15 Minuten
Elektroherd: 200 Grad
Gasherd: Stufe 3

1 Stück enthält: 6 g Kohlenhydrate, 3 g Fett, 1 g Eiweiß, ½ BE, etwa 233 kJ = 55 kcal · Kalorienersparnis pro Portion durch natreen Süsse: etwa 90 kJ = 21 kcal

Aus lockerem Hefeteig: Ingwerzopf und Frühstückssterne.

Ingwerzopf

Für den Teig:
250 g Mehl
½ Päckchen Trockenbackhefe
4 EL Magermilch
4 EL Schlagsahne
10 ml natreen Süsse
1 Prise Salz
1 TL Ingwerpulver
1 Eiweiß
½ Eigelb
1 eingelegte Ingwerpflaume
Außerdem:
Fett für das Blech
½ Eigelb und 1 EL Kondensmilch zum Bestreichen

Gesiebtes Mehl mit der Trockenbackhefe mischen, lauwarme Milch und Sahne, natreen Süsse, Salz, Ingwerpulver, Eiweiß und Eigelb dazugeben. Alles mit den Knethaken des elektrischen Handrührgerätes gut verkneten. Ingwerpflaume fein würfeln und rasch unter den Teig kneten. An einem warmen Ort zugedeckt bis zur doppelten Größe gehen lassen. Den Teig in 3 Portionen teilen und 3 gleich große Rollen daraus formen. Hieraus einen Zopf flechten, die Enden gut zusammendrük-

ken. Auf ein leicht gefettetes Backblech legen. Eigelb mit Milch verrühren, den Zopf damit bestreichen. Nochmals etwa 30 Minuten zugedeckt gehen lassen. Dann im vorgeheizten Backofen backen. Ergibt 16 Scheiben.

Backzeit: 25–30 Minuten
Elektroherd: 200 Grad
Gasherd: Stufe 2-3

1 Scheibe enthält: 13 g Kohlenhydrate, 2 g Fett, 3 g Eiweiß, 1 BE, etwa 348 kJ = 82 kcal · Kalorienersparnis pro Stück durch natreen Süsse: etwa 140 kJ = 33 kcal

Frühstückssterne

Für den Teig:
250 g Mehl
½ Päckchen Trockenbackhefe
4 EL Magermilch
4 EL Schlagsahne
1 Prise Salz
8 ml natreen Süsse
1 kleines Ei
etwas abgeriebene Zitronen- und Orangenschale, unbehandelt
5 g gehacktes Zitronat
30 g Rosinen
20 g gehackte Mandeln

Außerdem:
Mehl zum Ausrollen
Fett für das Blech
2 EL Kondensmilch zum Bestreichen

Gesiebtes Mehl mit der Trockenbackhefe mischen, lauwarme Milch und Sahne, Salz, natreen Süsse, Ei, Zitronenschale, Orangenschale und Zitronat zugeben. Mit den Knethaken des elektrischen Handrührgerätes zu einem glatten Teig verkneten. Dann Rosinen und Mandeln rasch unterkneten. Den Teig an einem warmen Ort zugedeckt bis zur doppelten Größe gehen lassen. Nochmals gut durchkneten. Auf einer leicht bemehlten Arbeitsfläche den Teig etwa 1 cm dick ausrollen und 14 Sterne ausstechen. Auf ein gefettetes Backblech legen, nochmals etwa 30 Minuten gehen lassen. Die Sterne mit Milch bestreichen und im vorgeheizten Backofen backen.

Backzeit: etwa 15 Minuten
Elektroherd: 200 Grad
Gasherd: Stufe 3

1 Stern enthält: 16 g Kohlenhydrate, 3 g Fett, 3 g Eiweiß, 1½ BE, etwa 437 kJ = 103 kcal · Kalorienersparnis pro Stern durch natreen Süsse: etwa 128 kJ = 30 kcal

Zum Anbeißen fast zu schön: Hübsch verzierter Weihnachtsengel aus Hefeteig.

Weihnachtsengel

Für den Teig:

375 g Mehl
½ Päckchen Trockenbackhefe
200 ml Magermilch
35 g Margarine
14 ml natreen Süsse
1 Prise Salz
1 TL abgeriebene Zitronenschale, unbehandelt

Außerdem:

Fett für das Blech

Zum Bestreichen:

1 Eigelb
1 EL Kondensmilch

Zum Verzieren:

20 g Sultaninen
10 g abgezogene, halbierte Mandeln
5 g kandierte Kirschen

Gesiebtes Mehl mit Trockenbackhefe vermengen. Milch mit Margarine, natreen Süsse, Salz und Zitronenschale leicht erwärmen, zum Mehl geben und mit den Knethaken des elektrischen Handrührgerätes gut verkneten. An einem warmen Ort zugedeckt bis zur doppelten Größe gehen lassen. Den Teig auf einem gefetteten Backblech ausrollen.

Nach einer selbst angefertigten Pappschablone mit einem spitzen Messer einen Engel ausschneiden. Konturen mit dem Messerrücken einritzen. Eigelb mit Milch verrühren, den Engel damit bestreichen und anschließend mit Teigresten, Sultaninen, Mandeln und kandierten Kirschen wie auf dem Foto verzieren. Nochmals etwa 30 Minuten gehen lassen, dann im vorgeheizten Backofen backen.

Backzeit: 15-20 Minuten
Elektroherd: 175-200 Grad
Gasherd: Stufe 2-3

Das Rezept enthält: 309 g Kohlenhydrate, 43 g Fett, 58 g Eiweiß, 26 BE, etwa 7873 kJ = 1855 kcal · Kalorienersparnis durch natreen Süsse: etwa 3090 kJ = 739 kcal

Rahmbrezeln

Abbildung Seite 166/167

Für den Teig:
150 g Mehl
60 g Butter oder Margarine
etwas Mark einer Vanilleschote
9 ml natreen Süsse
1 Eigelb
1 EL Schlagsahne
Zum Bestreichen:
1 Eiweiß
Zum Bestreuen:
10 g gehackte Mandeln

Das Mehl in eine Schüssel sieben. Fett, Vanillemark, natreen Süsse, Eigelb und Sahne zufügen. Alles mit den Knethaken des elektrischen Handrührgerätes zu einem glatten Teig verkneten. Etwa 30 Minuten im Kühlschrank ruhen lassen. Anschließend den Teig zu zwei 30 cm langen Rollen formen. In 2 cm lange Stücke schneiden und diese zu etwa 15 cm langen Röllchen formen. Die Röllchen zu Brezeln geformt auf ein mit Backpapier belegtes Backblech legen. Mit verschlagenem Eiweiß bestreichen und mit gehackten Mandeln bestreuen. Die Brezeln im vorgeheizten Backofen backen. Ergibt 30 Stück.

Backzeit: 12–15 Minuten
Elektroherd: 200 Grad
Gasherd: Stufe 3

1 Stück enthält: 4 g Kohlenhydrate, 2 g Fett, 1 g Eiweiß, 1/3 BE, etwa 161 kJ = 38 kcal · Kalorienersparnis pro Stück durch natreen Süsse: etwa 67 kJ = 16 kcal

Plätzchen Florentiner Art

Für den Teig:

150 g Mehl
½ TL Backpulver
50 g Margarine
1 Ei
7 ml natreen Süsse
2 EL Magermilch
Außerdem:
Mehl zum Ausrollen
Fett für das Blech
Für den Belag:
2 EL natreen-Aprikosen-konfitüre (30 g)
5 ml natreen Süsse
2 TL Schlagsahne
1 TL Margarine oder Butter
100 g Mandelblätter
50 g Haselnußblätter
10 g kandierte Kirschen
20 g Rosinen
25 g Sionon-Zartbitter-schokolade

Mehl mit Backpulver in eine Schüssel sieben, restliche Teigzutaten dazugeben. Mit den Knethaken des elektrischen Handrührgerätes alles zu einem glatten Teig verkneten. Auf der leicht bemehlten Arbeitsfläche ausrollen, runde Plätzchen (etwa 3 cm Durchmesser) ausstechen. Auf ein gefettetes Backblech legen und 7 Minuten vorbacken. Dann die Plätzchen sofort vom Backblech lösen, erkalten lassen. Aprikosenkonfitüre, natreen Süsse und Sahne in einem Topf verrühren, Fett dazugeben und alles erhitzen. Mandelblätter, Haselnußblätter, feingewürfelte Kirschen und Rosinen dazugeben und alles gut vermischen. Die Masse jeweils auf die Unterseiten der vorgebackenen Plätzchen verteilen. Diese mit der Oberseite noch einmal auf ein Backblech legen und fertigbacken. Darauf achten, daß die Nußmasse nicht verläuft. Schokolade im Wasserbad auflösen. Erkaltete Plätzchen damit besprenkeln. Ergibt 35 Stück.

Backzeit: etwa 7 Minuten vorbacken/etwa 10 Minuten fertigbacken
Elektroherd: 175-200 Grad
Gasherd: Stufe 2-3

1 Plätzchen enthält: 5 g Kohlenhydrate, 4 g Fett, 1 g Eiweiß, ½ BE, etwa 254 kJ = 60 kcal · Kalorienersparnis pro Stück durch natreen Süsse: etwa 77 kJ = 18 kcal

Hier heißt es Zugreifen: Zartes Buttergebäck und knusprige Plätzchen Florentiner Art.

Buttergebäck

Für den Teig:
200 g Mehl
½ TL Backpulver
1 Ei
80 g Butter
10 ml natreen Süsse
1 Prise Salz
Mark ½ Vanilleschote
Außerdem:
Mehl zum Ausrollen

Mehl mit Backpulver in eine Schüssel sieben. 1 Ei verschlagen, davon die Hälfte mit den restlichen Teigzutaten zum Mehl geben. Mit den Knethaken des elektrischen Handrührgerätes alles zu einem glatten Teig verkneten. Mindestens 30 Minuten im Kühlschrank ruhen lassen. Den Teig auf der leicht bemehlten Arbeitsfläche gleichmäßig ausrollen, daraus Sterne, Monde, Herzen, Bäumchen und andere Figuren ausstechen. Diese auf ein mit Backpapier ausgelegtes Backblech legen, mit dem restlichen verschlagenen Ei bestreichen und im vorgeheizten Backofen backen. Ergibt 50 Stück.

Backzeit: 10–12 Minuten
Elektroherd: 200 Grad
Gasherd: Stufe 3

1 Stück enthält: 3 g Kohlenhydrate, 1 g Fett, 0,5 g Eiweiß, ¼ BE, etwa 98 kJ = 23 kcal · Kalorienersparnis pro Stück durch natreen Süsse: etwa 45 kJ = 11 kcal

Kokosstreifen

Für den Teig:

125 g Margarine
12 ml natreen Süsse
1 Eigelb
abgeriebene Schale 1 Zitrone, unbehandelt
150 g Mehl
1 TL Backpulver
2 EL Zitronensaft
1 Eiweiß
100 g Kokosflocken
Außerdem:
rechteckige Backoblaten

Die weiche Margarine mit natreen Süsse, Eigelb und Zitronenschale schaumig rühren. Mehl und Backpulver sieben und abwechselnd mit dem Zitronensaft unterrühren. Das Eiweiß sehr steif schlagen, mit den Kokosflocken zum Schluß unterheben. Ein Backblech knapp zur Hälfte mit Backoblaten belegen. Den Teig gleichmäßig auf die Oblaten streichen. Vor die offene Kante einen mehrfach geknickten Alustreifen setzen, damit der Teig nicht verläuft. Im vorgeheizten Backofen backen. Den Alustreifen entfernen. Das Gebäck in kleine Streifen schneiden. Ergibt 36 Stück.

Backzeit: etwa 25 Minuten
Elektroherd: 175 Grad
Gasherd: Stufe 2

1 Stück enthält: 3 g Kohlenhydrate, 4 g Fett, 1 g Eiweiß, ¼ BE, etwa 220 kJ = 52 kcal · Kalorienersparnis pro Stück durch natreen Süsse: etwa 75 kJ = 18 kcal

Früchtebrot

Für den Teig:

150 g Weizenmehl (Type 550)
100 g Roggenmehl (Type 1150)
1 Päckchen Trockenbackhefe
100 ml lauwarmes Wasser
1 Prise Salz
12 ml natreen Süsse
2 Messerspitzen gemahlene Nelken
1 Messerspitze gemahlene Muskatblüte
½ TL Zimt
2 Messerspitzen gemahlener Koriander
etwas Anissamen
abgeriebene Schale 1 Zitrone, unbehandelt
20 g gehackte Mandeln
20 g gehackte Walnüsse
20 g gehackte Haselnüsse
20 g Rosinen
20 g getrocknete Feigen, ungeschwefelt
20 g eingeweichte Dörrbirnen, ungeschwefelt
Außerdem:
Mehl zum Ausrollen
Fett für das Blech
etwas Wasser zum Bestreichen
10 g abgezogene, halbierte Mandeln zum Verzieren

Mehl mit Trockenbackhefe in einer Schüssel mischen. Wasser, Salz, natreen Süsse und Gewürze zugeben. Mit den Knethaken des elektrischen Handrührgerätes gut verkneten. Den Teig zugedeckt an einem warmen Ort bis zur doppelten Größe gehen lassen. Dann mehrmals durchkneten. ⅔ des Teiges rasch mit den Mandeln, Nüssen, Rosinen und kleingeschnittenen Früchten verkneten und zu einem Laib formen. Den Teigrest auf der leicht bemehlten Arbeitsfläche zu einem Rechteck ausrollen, mit Wasser bestreichen, den Früchteteig darin einwickeln und mit der Naht nach unten auf ein gefettetes Backblech legen. Mit einem Holzstäbchen mehr-

Feine Kokosstreifen und ein würziges Früchtebrot mit Trockenfrüchten, Mandeln und Nüssen.

mals einstechen und den Teig nochmals gehen lassen. Dann das Früchtebrot mit Wasser bestreichen und mit Mandeln verzieren. Im vorgeheizten Backofen backen. Während des Backens noch etwa zweimal mit Wasser bestreichen. Ergibt 16 Scheiben.

Backzeit: etwa 45 Minuten
Elektroherd: 175-200 Grad
Gasherd: Stufe 2-3

1 Scheibe enthält: 15 g Kohlenhydrate, 3 g Fett, 3 g Eiweiß, 1¼ BE, etwa 420 kJ = 99 kcal · Kalorienersparnis pro Scheibe durch natreen Süsse etwa 168 kJ = 40 kcal

TIP Damit sich das Aroma der Gewürze und Früchte gut verteilen kann, das erkaltete Früchtebrot gut in Alufolie verpacken und erst nach einigen Tagen anschneiden.

Ananastorte

Für den Teig:
75 g Margarine
7 ml natreen Süsse
2 Eigelb
125 g Mehl
1 TL Backpulver
1 EL Kakao
10 g gehackte Pistazien
2 Eiweiß

Außerdem:
Fett für die Form

Für die Füllung:
1 Päckchen Vanille-puddingpulver
300 ml Magermilch
4 ml natreen Süsse

Für den Belag:
1 Glas natreen-Ananas-Stücke (340 g)
50 g natreen-Süßkirschen

Für den Guß:
1 Päckchen klarer Tortenguß
¼ l Ananassaft, mit Wasser aufgefüllt
3 ml natreen Süsse

Zum Verzieren:
20 g gehackte Pistazien

Margarine mit den Schneebesen des elektrischen Handrührgerätes schaumig rühren. Nacheinander natreen Süsse, Eigelb und das mit Backpulver und Kakao gesiebte Mehl unterrühren. Pistazien und steifgeschlagenes Eiweiß unterheben. Den Teig in eine am Boden ge-

Zwei herrlich erfrischende Torten mit wenig Kalorien: Ananastorte und Philadelphia Torte. Hier können Sie ohne schlechtes Gewissen zugreifen.

187

fettete Springform (22 cm Durchmesser) füllen. Im vorgeheizten Backofen backen. Den Tortenboden auf ein Kuchengitter stürzen und auskühlen lassen. Das Puddingpulver mit einem Teil der Milch anrühren. Restliche Milch zum Kochen bringen, natreen Süsse und angerührtes Pulver zugeben und unter Rühren gut durchkochen lassen. Um den erkalteten Tortenboden einen Tortenring legen und die Creme auf den Tortenboden streichen. Erkalten lassen. Gut abgetropfte Ananasstücke und Kirschen darauf verteilen. Tortenguß mit Ananassaft, natreen Süsse und Wasser nach Vorschrift zubereiten, über die Früchte geben und fest werden lassen. Vor dem Servieren den Tortenring entfernen. Den Tortenrand mit feingehackten Pistazien verzieren. Ergibt 12 Stücke.

Backzeit: etwa 35 Minuten
Elektroherd: 175-200 Grad
Gasherd: Stufe 3-4

1 Stück enthält: 15 g Kohlenhydrate, 8 g Fett, 4 g Eiweiß, 1¼ BE, etwa 627 kJ = 148 kcal · Kalorienersparnis pro Stück durch natreen Süsse: etwa 302 kJ = 72 kcal

TIP Bei Biskuitteigen niemals den Rand der Springform einfetten, sondern nur den Boden. Das Gebäck könnte nicht gleichmäßig hochbacken, da der Teig am Rand heruntergleiten würde.

Philadelphia Torte

Abbildung Seite 186/187

Für den Teig:
125 g Mehl
1 Messerspitze Backpulver
1 Eigelb
5 ml natreen Süsse
50 g Margarine
Außerdem:
Fett für die Form
Für die Creme:
1 Päckchen Götterspeise Waldmeister-Geschmack
6 EL Wasser
250 g Magerquark
200 g Philadelphia Frischkäse
⅛ l naturreiner Apfelsaft
8 ml natreen Süsse
2 Eiweiß

Mehl mit Backpulver in eine Schüssel sieben. Eigelb, natreen Süsse und Margarine hinzufügen und alles schnell zu einem glatten Teig verkneten. Etwa 30 Minuten im Kühlschrank ruhen lassen. Den Teig auf dem leicht gefetteten Boden einer Springform (22 cm Durchmesser) ausrollen. Mit einer Gabel mehrmals einstechen und im vorgeheizten Backofen backen. Den Tortenboden sofort nach dem Backen auf ein Kuchengitter stürzen und erkalten lassen. Das Götterspeisen-Pulver mit dem Wasser anrühren und 10 Minuten quellen lassen. Quark, Frischkäse, Apfelsaft und natreen Süsse gut verrühren. Eiweiß sehr steif schlagen. Die gequollene Götterspeise unter Rühren erwärmen, bis sie ganz gelöst ist, dann sofort unter Rühren schnell in die Quarkmasse geben. Eischnee

unterheben. Einen mit Pergamentpapier ausgelegten Springformrand um den erkalteten Tortenboden legen. Die Creme auf den Boden streichen und mit einer Gabel ein Muster auf die Oberfläche ziehen. Die Torte 1–2 Stunden in den Kühlschrank stellen. Vor dem Servieren den Formenrand und das Pergamentpapier entfernen. Die Torte nach Belieben verzieren. Ergibt 14 Stücke.

Backzeit: 12–15 Minuten
Elektroherd: 200 Grad
Gasherd: Stufe 3

1 Stück enthält: 8 g Kohlenhydrate, 8 g Fett, 7,5 g Eiweiß, ⅔ BE, etwa 568 kJ = 134 kcal · Kalorienersparnis pro Stück durch natreen Süsse: etwa 208 kJ = 49 kcal

Auch beim Weihnachtsstollen können Sie durch Süßstoff eine Menge Kalorien einsparen.

Weihnachtsstollen

Für den Teig:
250 g Mehl
1 Päckchen Trockenbackhefe
⅛ l Magermilch
14 ml natreen Süsse
etwas Mark einer Vanilleschote
1 Prise Salz
je einige Tropfen
Rum-Aroma
Zitronen-Aroma und
Bittermandel-Aroma
je 1 Messerspitze Muskatblüte, Kardamom und Nelken, gemahlen
50 g Margarine oder Butter
50 g Rosinen
25 g Korinthen
75 g gemahlene Mandeln
10 g feingehacktes Zitronat

Zum Bestreichen:
10 g Butter

Mehl in eine Schüssel sieben, Trockenbackhefe untermischen. Milch mit natreen Süsse und Vanillemark leicht erwärmen. Mit den Gewürzen und dem sehr weichen Fett zum Mehl geben. Alles mit den Knethaken des elektrischen Handrührgerätes gut verkneten. An einem warmen Ort zugedeckt bis zur doppelten Größe gehen lassen. Dann Rosinen, Korinthen, Mandeln und Zitronat mit den Händen rasch unterkneten. Den Teig zu einem Stollen formen und auf ein mit Backpapier belegtes Backblech legen. Nochmals etwa 30 Minuten gehen lassen und dann im vorgeheizten Backofen backen. Den Stollen sofort nach dem Backen mit flüssiger Butter bestreichen. Gut auskühlen lassen, in Alufolie verpacken. Erst nach einigen Tagen anschneiden. Ergibt 16 Scheiben.

Backzeit: etwa 35 Minuten
Elektroherd: 250 Grad vorheizen/175 Grad backen
Gasherd: Stufe 5 vorheizen/Stufe 2 backen

1 Scheibe enthält: 16 g Kohlenhydrate, 6 g Fett, 3 g Eiweiß, 1⅓ BE, etwa 551 kJ = 130 kcal · Kalorienersparnis pro Portion durch natreen Süsse: etwa 196 kJ = 46 kcal

Nußherzen

Für den Teig:
125 g Mehl
½ TL Backpulver
75 g Margarine
2 Tropfen Bittermandel-Aroma
etwas Mark 1 Vanilleschote
2 Messerspitzen Zimt
½ Eigelb
1 Eiweiß
12 ml natreen Süsse
100 g gemahlene Haselnüsse
Außerdem:
Mehl zum Ausrollen
Fett für das Blech
Zum Bestreichen:
½ Eigelb
1 EL Magermilch
Zum Verzieren:
15 g Haselnußblättchen
Für die Füllung:
75 g natreen-Erdbeerkonfitüre

Nußherzen, Vanillehäufchen und Gewürzrauten.

Mehl und Backpulver in eine Schüssel sieben. Die restlichen Teigzutaten dazugeben und mit den Knethaken des elektrischen Handrührgerätes alles zu einem glatten Teig verkneten. Etwa 30 Minuten im Kühlschrank ruhen lassen. Den Teig auf der leicht bemehlten Arbeitsfläche dünn ausrollen und kleine Herzen ausstechen. Auf ein leicht gefettetes Backblech legen. Eigelb mit Milch verrühren, die Herzen damit bestreichen. Die Hälfte davon mit Haselnußblättchen verzieren. Im vorgeheizten Backofen backen. Die Nußherzen sofort vorsichtig vom Backblech lösen. Konfitüre durch ein Sieb streichen, jeweils ein verziertes und ein unverziertes Herz damit zusammensetzen. Nach Belieben noch mit flüssiger Schokolade besprenkeln. Ergibt 35 Stück.

Backzeit: etwa 12 Minuten
Elektroherd: 200 Grad
Gasherd: Stufe 3

1 Stück enthält: 3 g Kohlenhydrate, 4 g Fett, 1 g Eiweiß, ¼ BE, etwa 220 kJ = 52 kcal · Kalorienersparnis pro Stück durch natreen Süsse: etwa 77 kJ = 13 kcal

TIP Sollte ein Knetteig einmal bröckelig werden, etwa 1 Eßlöffel Magerquark darunterkneten, dann läßt sich der Teig wieder gut verarbeiten. Gekühlten Knetteig vor dem Weiterverarbeiten stets noch einmal gut durchkneten, erst dann ausrollen.

Vanillehäufchen

Für den Teig:

80 g Margarine oder Butter
10 ml natreen Süsse
1 Prise Salz
Mark 1 Vanilleschote
1 Eigelb
200 g Mehl
1 Messerspitze Backpulver
1 EL Magermilch
1 Eiweiß

Außerdem:

40 g Sionon-Zartbitter-schokolade
50 g Kokosraspel

Das weiche Fett mit natreen Süsse, Salz und Vanillemark schaumig rühren. Eigelb unterrühren. Mehl mit Backpulver sieben. Mit der Milch nach und nach unterrühren. Eiweiß steif schlagen und gleichmäßig unterheben. Den Teig in einen Spritzbeutel mit gezackter Tülle füllen und kleine Häufchen auf ein mit Backpapier belegtes Backblech spritzen. Im vorgeheizten Backofen backen. Die Plätzchen sofort vom Backblech lösen. Schokolade im Wasserbad auflösen und die Plätzchen mit der Unterseite hineintauchen; dann in die Kokosraspeln drücken. Ergibt 35 Stück.

Backzeit: etwa 12 Minuten
Elektroherd: 200 Grad
Gasherd: Stufe 3

1 Stück enthält: 4 g Kohlenhydrate, 3 g Fett, 1 g Eiweiß, 1/3 BE, etwa 199 kJ = 47 kcal · Kalorienersparnis pro Stück durch natreen Süsse: etwa 64 kJ = 15 kcal

Gewürzrauten

Für den Teig:

35 g zähflüssiger Honig
7 ml natreen Süsse
25 g Margarine
2 EL Magermilch
½ Ei
1 TL Zimt
je 1 Messerspitze Kardamom, Nelken und Muskatblüte, gemahlen
2 Tropfen Zitronen-Aroma
2 Tropfen Rum-Aroma
125 g Mehl
1 TL Backpulver
1 TL Kakao
25 g gemahlene Mandeln

Außerdem:

Mehl zum Ausrollen
Fett für das Blech
2 EL Kondensmilch zum Bestreichen
30 g abgezogene, halbierte Mandeln zum Verzieren

Honig, natreen Süsse, Margarine und Milch unter Rühren langsam erwärmen, bis das Fett geschmolzen ist. In eine Schüssel geben und abkühlen lassen. Das Ei, die Gewürze, einen Teil des gesiebten Mehls, Backpulver und Kakao unterrühren. Das restliche Mehl und die Mandeln unterkneten. Den Teig etwa 30 Minuten im Kühlschrank ruhen lassen. Anschließend auf der leicht bemehlten Arbeitsfläche dünn ausrollen, in kleine Rauten rädeln und auf ein gefettetes Backblech legen. Die Plätzchen mit Kondensmilch bestreichen und mit je einer halbierten Mandel verzieren. Im vorgeheizten Backofen backen. Ergibt 30 Stück.

Backzeit: 10–12 Minuten
Elektroherd: 200 Grad
Gasherd: Stufe 3

1 Stück enthält: 4,5 g Kohlenhydrate, 2 g Fett, 1 g Eiweiß, 1/3 BE, etwa 170 kJ = 40 kcal · Kalorienersparnis pro Stück durch natreen Süsse: etwa 52 kJ = 13 kcal

Aniswaffeln mit Eierlikörsahne

Für den Teig:
50 g Margarine

7 ml natreen Süsse

2 Eier

75 g Mehl

1 Messerspitze Backpulver

75 ml Magermilch

50 g gemahlene Mandeln

1 EL Anissamen

Außerdem:
Öl zum Einfetten

Für die Eierlikörsahne:
100 ml Schlagsahne

3 ml natreen Süsse

30 ml Eierlikör

Margarine und natreen Süsse mit den Schneebesen des elektrischen Handrührgerätes schaumig rühren. Nach und nach die Eier, mit Backpulver gesiebtes Mehl und die Milch unterrühren. Mandeln und Anissamen zum Schluß hinzufügen. Den dickflüssigen Teig mit einem Schöpflöffel in das mit wenig Öl gefettete heiße Waffeleisen geben und goldgelb backen. Sahne steif schlagen, mit natreen süßen. Eierlikör unterheben. Die Waffeln mit der Eierlikörsahne servieren. Ergibt 8 Portionen.

1 Portion enthält: 9 g Kohlenhydrate, 14 g Fett, 5 g Eiweiß, ¾ BE, etwa 770 kJ = 182 kcal · Kaloriensparnis pro Portion durch natreen Süsse: etwa 281 kJ = 66 kcal

Für den festlichen Nachmittagskaffee: Aniswaffeln mit Eierlikörsahne und Mandelstangen aus einem lockeren Quark-Blätterteig.

Mandelstangen

Für den Teig:
125 g Mehl

1 TL Backpulver

7 ml natreen Süsse

125 g Magerquark

60 g Margarine oder Butter

Außerdem:
Mehl zum Ausrollen

½ Eigelb und 1 EL Magermilch zum Bestreichen

30 g gehobelte Mandeln zum Bestreuen

2 EL natreen-Aprikosenkonfitüre zum Füllen

25 g Sionon-Zartbitter-Schokolade für die Glasur

Mehl mit Backpulver in eine Schüssel sieben. Übrige Teigzutaten dazugeben und mit den Knethaken des elektrischen Handrührgerätes zu einem glatten Teig verkneten. Den Teig auf der leicht bemehlten Arbeitsfläche etwa ½ cm dick ausrollen, mehrmals übereinanderschlagen und wieder ausrollen. Das Übereinanderschlagen und Ausrollen noch zweimal wiederholen. Danach den Teig über Nacht gut verpackt kalt stellen. Dann den Teig dünn ausrollen (nicht mehr kneten, damit die Schichten erhalten bleiben), in Streifen (1,5 cm x 6 cm) rädeln und diese auf ein kalt abgespültes Backblech legen. Mit Eigelbmilch bestreichen und mit gehobelten·Mandeln bestreuen. Im vorgeheizten Backofen backen. Die Mandelstangen sofort vom Blech lösen. Aprikosenkonfitüre durch ein Sieb streichen und die Hälfte der Mandelstan-

gen auf der Unterseite damit bestreichen. Mit je einer unbestrichenen Stange zusammensetzen. Schokolade im Wasserbad auflösen und die Mandelstangen an einem Ende mit Schokoladenglasur überziehen. Ergibt 35 Stück.

Backzeit: 12–15 Minuten
Elektroherd: 200 Grad
Gasherd: Stufe 3

1 Stück enthält: 4 g Kohlenhydrate, 2 g Fett, 1 g Eiweiß, ⅓ BE, etwa 161 kJ = 38 kcal · Kaloriensparnis durch natreen Süße: etwa 45 kJ = 11 kcal

TIP In unserem Rezept Kokosstreifen auf Seite 184 haben wir Backoblaten verwendet. Diese werden aus Mehl, Eiweiß und Wasser (ohne Treibmittel) hergestellt. Das dünne, blattartige Gebäck wird zwischen geheizten Platten gebacken und in runde oder eckige Formen geschnitten. Auf Tortenböden gelegt, verhindern Backoblaten das Durchfeuchten. Kleingebäck, das auf Oblaten gebacken wird, bleibt länger frisch.

Klassisches Schwarz-Weiß-Gebäck und erfrischende Käsetörtchen mit Aprikosen.

Schwarz-Weiß-Plätzchen

Für den Teig:
250 g Mehl
1 TL Backpulver
80 g Margarine
1 Ei
10 ml natreen Süsse
Mark 1 Vanilleschote
15 g Kakao
1 EL Magermilch
3 ml natreen Süsse
einige Tropfen Rum-Aroma

Außerdem:
Mehl zum Ausrollen
1 Eiweiß zum Bestreichen

Mehl mit Backpulver in eine Schüssel sieben. Margarine, das mit natreen Süsse verrührte Ei und das Vanillemark dazugeben und alles mit den Knethaken des elektrischen Handrührgerätes zu einem glatten Teig verkneten. Den Teig halbieren. Für den dunklen Teig unter eine Teighälfte gesiebten Kakao, Milch, natreen Süsse und Rum-Aroma kneten. Beide Teige mindestens 30 Minuten im Kühlschrank ruhen lassen.

Für das Schneckenmuster: Den hellen und dunklen Teig auf der leicht bemehlten Arbeitsfläche jeweils zu gleich großen Teigplatten ausrollen. Eine Teigplatte dünn mit Eiweiß bestreichen, die zweite Teigplatte daraufleben, ebenfalls mit Eiweiß bestreichen und fest zusammenrollen.

Für das Schachbrettmuster: Aus einem der beiden Teige auf der leicht bemehlten Arbeitsfläche eine etwa 2 mm dicke Platte ausrollen, mit Eiweiß bestreichen. Aus hellem und dunklem Teig etwa ½ cm dicke quadratische Stränge formen und in 3-4 Schichten schachbrettartig zusammensetzen. In die Teigplatte wickeln.

Für das Streifenmuster: Beide Teige auf der leicht bemehlten Arbeitsfläche jeweils zu etwa ½ cm dicken, gleich großen Platten ausrollen. Jede Platte in 3-4 Streifen schneiden. Abwechselnd

Käsetörtchen

Für den Teig:
125 g Mehl
½ TL Backpulver
60 g Margarine
5 ml natreen Süsse
2 EL Magermilch

Für die Füllung:
375 g Magerquark
1 Eigelb
6 ml natreen Süsse
etwas abgeriebene Zitronenschale, unbehandelt
1 EL Vanillepuddingpulver
1 EL Magermilch
1 Eiweiß

Außerdem:
Mehl zum Ausrollen

Für den Belag:
1 Glas natreen-Aprikosenhälften

Für den Guß:
250 ml Aprikosensaft, evtl. mit Wasser aufgefüllt
2 ml natreen Süsse
1 Päckchen klarer Tortenguß

helle und dunkle Streifen, mit Eiklar bestrichen, aufeinandersetzen.
Die geformten Teigstücke nochmals mindestens 30 Minuten in den Kühlschrank legen. Dann in ½ cm dicke Scheiben schneiden, auf ein mit Backpapier belegtes Backblech setzen und im vorgeheizten Backofen backen. Ergibt 45 Stück.

Backzeit: 12–15 Minuten
Elektroherd: 200 Grad
Gasherd: Stufe 3

1 Stück enthält: 4 g Kohlenhydrate, 2 g Fett, 1 g Eiweiß, ⅓ BE, etwa 161 kJ = 38 kcal · Kalorienersparnis pro Stück durch natreen Süsse: etwa 65 kJ = 15 kcal

Für die Backförmchen 10 Kreise (etwa 14 cm Durchmesser) aus Alufolie ausschneiden. Diese über den Boden eines kleinen runden Gefäßes (etwa 7 cm Durchmesser) legen und andrükken, so daß Förmchen entstehen. Die Förmchen auf ein Backblech stellen. Für den Teig Mehl mit Backpulver mischen und in eine Schüssel sieben. Margarine, natreen Süsse und Milch dazugeben und mit den Knethaken des elektrischen Handrührgerätes alles zu einem glatten Teig verkneten. Mindestens 30 Minuten im Kühlschrank ruhen lassen. In der Zwischenzeit für die Füllung Quark, Eigelb, natreen Süsse, Zitronenschale, Puddingpulver und die Milch verrühren. Eiweiß sehr steif schlagen und unterheben. Den Teig auf der leicht bemehlten Arbeitsfläche ausrollen und 10 Kreise (7 cm Durchmesser) ausstechen. Diese in die Förmchen legen. Die Quarkmasse darauf verteilen und mit je einem gut abgetropften Aprikosenstück belegen. Im vorgeheizten Backofen backen. Den Tortenguß nach Vorschrift zubereiten und über die erkalteten Törtchen geben. Ergibt 10 Törtchen.

Backzeit: etwa 30 Minuten
Elektroherd: 175-200 Grad
Gasherd: Stufe 2-3

1 Törtchen enthält: 14 g Kohlenhydrate, 6 g Fett, 9 g Eiweiß, etwa 1 BE, etwa 619 kJ = 146 kcal · Kalorienersparnis pro Törtchen durch natreen Süsse: etwa 336 kJ = 80 kcal

TIP Die Käsetörtchen lassen sich, in Alufolie oder Gefrierbeutel verpackt, gut einfrieren. Den Tortenguß sollten Sie allerdings erst nach dem Auftauen über das Gebäck geben. Wieder aufgetauter Tortenguß ist zwar im Geschmack unverändert, er hat jedoch ein trübes, krümeliges Aussehen.

Zwei Köstlichkeiten aus Österreich: Linzer Torte und Vanillekipferl.

Linzer Torte

Für den Teig:
150 g Mehl
1 Msp. gemahlene Nelken
1 TL Zimt
½ TL Kakao
30 g geriebene Sionon-Zartbitterschokolade
150 g ungeschälte gemahlene Mandeln
½ Eigelb
1 Eiweiß
125 g Margarine
13 ml natreen Süsse
Außerdem:
Fett für die Form
Für die Füllung:
100 g natreen-Erdbeer-konfitüre
Zum Bestreichen:
½ Eigelb
1 EL Kondensmilch

Mehl in eine Schüssel sieben. Die restlichen Teigzutaten dazugeben und mit den Knethaken des elektrischen Handrührgerätes alles zu einem glatten Teig verkneten. Mindestens 30 Minuten im Kühlschrank ruhen lassen. ¾ des Teiges etwa 1 cm dick ausrollen und den gefetteten Boden einer Springform (22 cm Durchmesser)

Vanille-Kipferl

Für den Teig:
125 g Mehl
1 Messerspitze Backpulver
Mark 1 Vanilleschote
10 ml natreen Süsse
1 Ei
75 g Margarine oder Butter
75 g gemahlene, abgezogene Mandeln

Zum Bestäuben:
etwas Kakao

Mehl und Backpulver in eine Schüssel sieben. Vanillemark, natreen Süsse, Ei, weiches Fett und gemahlene Mandeln zugeben. Alles mit den Knethaken des elektrischen Handrührgerätes zu einem glatten Teig verkneten. Etwa 30 Minuten im Kühlschrank ruhen lassen. Aus dem Teig daumendicke Rollen formen, gut 2 cm lange Stücke davon abschneiden. Diese zu etwa 5 cm langen Röllchen formen, die Enden etwas dünner rollen. Zu Hörnchen formen und auf ein mit Backpapier belegtes Backblech legen. Im vorgeheizten Backofen backen. Sofort vom Papier lösen, erkalten lassen, mit Kakao leicht bestäuben. Ergibt 35 Stück.

damit auslegen, dabei einen 1 cm hohen Rand formen. Konfitüre durch ein Sieb streichen und auf dem Teigboden gleichmäßig verteilen. Das restliche Viertel des Teiges ausrollen, kleine Sterne ausstechen und auf den Kuchen legen. Mit Eigelbmilch bestreichen und im vorgeheizten Backofen backen. Ergibt 18 Stücke.

Backzeit: etwa 45 Minuten
Elektroherd: 175-200 Grad
Gasherd: Stufe 2-3

1 Stück enthält: 9,5 g Kohlenhydrate, davon 2 g Zuckeraustauschstoff Fructose, 11 g Fett, 3 g Eiweiß, etwa 1 BE, etwa 630 kJ = 149 kcal · Kalorienersparnis pro Stück durch natreen Süsse: etwa 162 kJ = 38 kcal

Backzeit: etwa 10 Minuten
Elektroherd: 200 Grad
Gasherd: Stufe 3

1 Stück enthält: 3 g Kohlenhydrate, 3 g Fett, 1 g Eiweiß, ¼ BE, etwa 182 kJ = 43 kcal · Kalorienersparnis pro Stück durch natreen Süsse: etwa 64 kJ = 15 kcal

Zimt-Taler

Für den Teig:

150 g Mehl
1 TL Zimt
100 g gemahlene Haselnüsse
100 g Margarine
14 ml natreen Süsse
einige Tropfen Rum-Aroma
1 Ei

Außerdem:

10 g gemahlene Haselnüsse, in der Pfanne geröstet, und etwas Zimt zum Wälzen
2 EL Kondensmilch zum Bestreichen
halbierte Haselnußkerne zum Verzieren

Mehl mit Zimt in eine Schüssel sieben. Übrige Teigzutaten hinzufügen und mit den Knethaken des elektrischen Handrührgerätes gut verkneten. Den Teig zu knapp 3 cm dicken Rollen formen. Geröstete Haselnüsse mit etwas Zimt vermischen und die Teigrollen darin wälzen. Einige Stunden kühl stellen. Die hartgewordenen Rollen in knapp ½ cm dicke Scheiben schneiden und auf ein mit Backpapier belegtes Backblech legen. Mit der Kondensmilch bestreichen und nach Belieben mit halbierten Haselnußkernen belegen. Im vorgeheizten Backofen backen. Ergibt 40 Stück.

Backzeit: etwa 12 Minuten
Elektroherd: 200 Grad
Gasherd: Stufe 3

1 Stück enthält: 3 g Kohlenhydrate, 4 g Fett, 1 g Eiweiß, ¼ BE, etwa 220 kJ = 52 kcal · Kalorienersparnis pro Stück durch natreen Süsse: etwa 79 kJ = 19 kcal

Fruchtberge

Für den Teig:

250 g Mehl
½ TL Backpulver
150 g Margarine
12 ml natreen Süsse
2 Eigelb
etwas Mark einer Vanilleschote
etwas abgeriebene Zitronenschale, unbehandelt

Außerdem:

1 Eiweiß
40 g gehackte Mandeln

Für die Füllung:

1 EL natreen-Sauerkirschkonfitüre
1 EL natreen-Aprikosenkonfitüre
1 EL natreen-Kiwi-Stachelbeerkonfitüre

Mehl mit Backpulver in eine Schüssel sieben. Übrige Teigzutaten hinzufügen und mit den Knethaken des elektrischen Handrührgerätes gut verkneten, etwa 30 Minuten kalt stellen. Aus dem Teig etwa 1 cm dicke Rollen formen. Diese in knapp 2½ cm lange Stücke schneiden und zu Kugeln formen. Je eine Kugelhälfte in verschlagenes Eiweiß tauchen, dann leicht in die gehackten Mandeln drücken und mit der Teigseite nach unten auf ein mit Backpapier belegtes Backblech setzen. In jede Kugel mit einem Kochlöffelstiel eine Vertiefung drücken. Diese jeweils mit durch ein Sieb gestrichene Sauerkirsch-, Aprikosen- oder Kiwi-Stachelbeerkonfitüre füllen. Im vorgeheizten Backofen backen. Ergibt 35 Stück.

Backzeit: 10–15 Minuten
Elektroherd: 200 Grad
Gasherd: Stufe 3

1 Stück enthält: 6 g Kohlenhydrate, 4 g Fett, 1 g Eiweiß, ½ BE, etwa 271 kJ = 64 kcal · Kalorienersparnis pro Stück durch natreen Süsse: etwa 77 kJ = 18 kcal

Schokoherzen

Für den Teig:

125 g Mehl
½ TL Backpulver
etwas Mark einer Vanilleschote
etwas abgeriebene Zitronenschale, unbehandelt
1 Ei
12 ml natreen Süsse
50 g Margarine
100 g gemahlene Haselnüsse

Schokoherzen, Fruchtberge und Zimttaler.

Außerdem:
Mehl zum Ausrollen
Fett für das Blech
50 g Sionon-Zartbitterschokolade zum Bestreichen
10 g gehackte Pistazien zum Verzieren

Mehl mit Backpulver in eine Schüssel sieben. Vanillemark, Zitronenschale, Ei, natreen Süsse und Margarine hinzufügen. Mit den Knethaken des elektrischen Handrührgerätes alles schnell zu einem glatten Teig kneten. Dann die Haselnüsse unterkneten. Den Teig etwa 1 Stunde im Kühlschrank ruhen lassen, danach auf der leicht bemehlten Arbeitsfläche gleichmäßig dünn ausrollen. Herzen ausstechen, auf ein leicht gefettetes Backblech legen und im vorgeheizten Backofen backen. Die Herzen sofort vom Backblech lösen. Schokolade im Wasserbad auflösen, die Herzen damit bestreichen und mit gehackten Pistazien verzieren. Ergibt 35 Stück.

Backzeit: 8–10 Minuten
Elektroherd: 200 Grad
Gasherd: Stufe 3

1 Stück enthält: 2 g Kohlenhydrate, 3 g Fett, 1 g Eiweiß, 0,2 BE, etwa 165 kJ = 39 kcal · Kalorienersparnis pro Stück durch natreen Süsse: etwa 60 kJ = 14 kcal

Zimtengel

Abbildung Seite 166/167

Für den Teig:
200 g Mehl
½ TL Backpulver
½ Eigelb
1 Eiweiß
8 ml natreen Süsse
60 g Margarine
1 EL Zimt
Zum Bestreichen:
½ Eigelb
1 EL Magermilch
Zum Verzieren:
25 g Sionon-Zartbitterschokolade

Mehl und Backpulver in eine Schüssel sieben, die restlichen Teigzutaten dazugeben und alles zu einem glatten Teig verkneten. Etwa 30 Minuten kühl stellen. Dann den Teig etwa ½ cm dick ausrollen. Mit Förmchen Engel ausstechen und auf ein gefettetes Backblech legen. Eigelb und Magermilch verrühren und damit die Plätzchen bestreichen. Im vorgeheizten Backofen backen. Danach die Zimtengel vorsichtig vom Blech lösen, erkalten lassen. Die Schokolade im Wasserbad auflösen, in eine kleine Spritztüte aus Pergamentpapier füllen und die Zimtengel damit verzieren. Ergibt 20 Stück.

Backzeit: 12–15 Minuten
Elektroherd: 200 Grad
Gasherd: Stufe 3

1 Stück enthält: 8 g Kohlenhydrate, davon 0,5 g Zuckeraustauschstoff Fructose, 3,5 g Fett, 2 g Eiweiß, etwa ½ BE, etwa 298 kJ = 71 kcal · Kalorienersparnis pro Stück durch natreen Süsse: etwa 90 kJ = 21 kcal

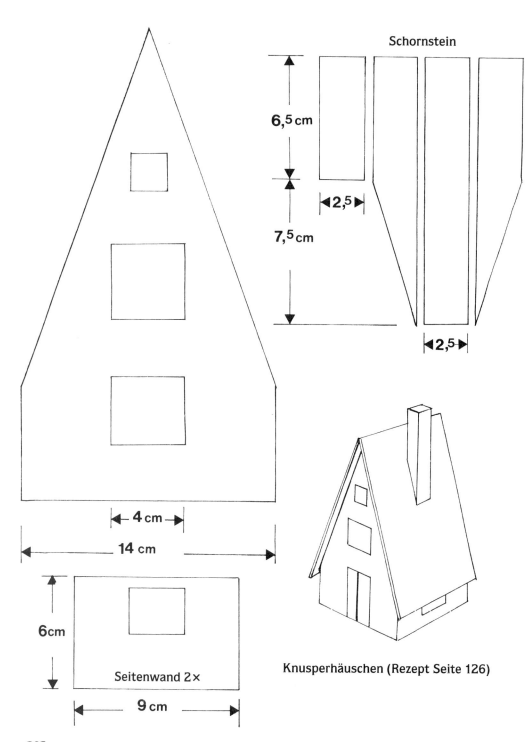

Knusperhäuschen (Rezept Seite 126)

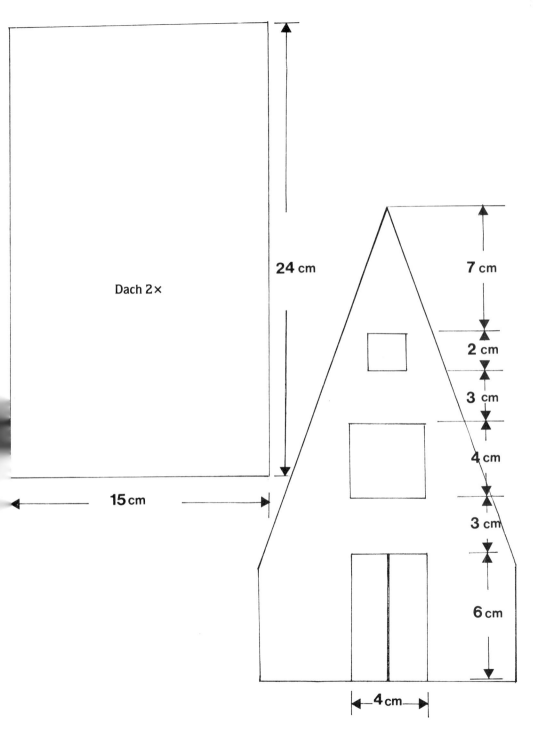

Schaukelpferd mit Wagen (Rezept Seite 160) · Maßstab 1:1

Boden

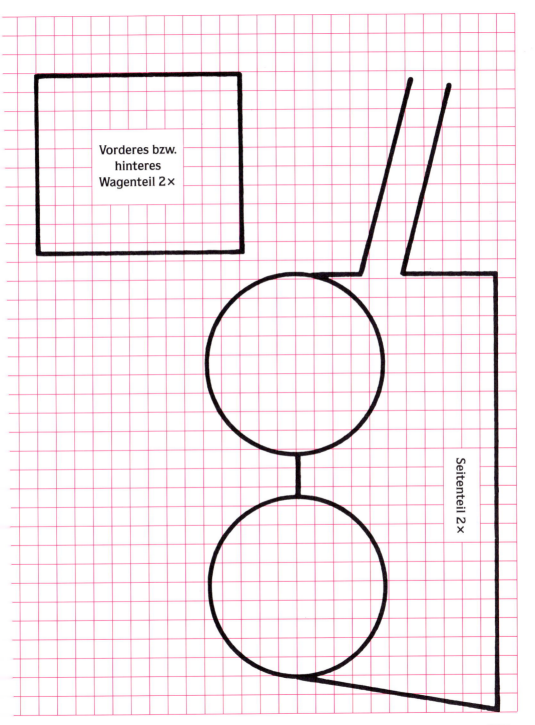

Register

Adventsbrot,
Altbayerisches 22
Adventskuchen 18, 170
Altbayerisches
Adventsbrot 22
Ananasschnitten 171
Ananastorte 187
Aniskräpfel 111
Aniswaffeln mit
Eierlikörsahne 193
Apfelkuchen,
Beschwipster 169
Apfel-Makronen-
Torte 26
Apfeltorte 68

Bärentatzen 170
Batzen, Schweizer 108
Baumanhänger 145
Baumkuchenspitzen 102
Baumnußtorte 75
Beschwipster
Apfelkuchen 169
Bethmännchen,
Frankfurter 121
Birnbrot 28
Birnentorte 55
Bischofsbrot 19
Biskuit-Herz,
Gefülltes 135
Biskuitrolle mit
Preiselbeerfüllung 60
Biskuittorte mit
Haselnußfüllung 134
Brabanzerl 104
Braune Kuchen 83
Braune Lebkuchen 93
Bremer Klaben 38
Bunt verzierte
Mürbeteigplätzchen 132
Butterbrot, Falsches 112
Buttercremetorte 73
Buttergebäck 183

Christkindl-Torte 138
Christstollen,
Rheinischer 36

Dänische
Pfefferkuchen 80
Dänische
Weihnachtskuchen 80
Datteltorte 49
Dresdner Stollen 30
Duchesses 102

Eierlikörbombe 50
Elisenlebkuchen 94
Engel aus Plunderteig 149
Englischer Honigkuchen 9

Falsches Butterbrot 112
Feigenkuchen 39
Festliche Zimttorte 70
Festlicher Baumstamm 64
Frankfurter
Bethmännchen 121
Fruchtberge 198
Früchtebrot 34, 184
Früchtekuchen 165
Früchteschaumbrot 12
Frühstückssterne 179

Gebackener
Honigkranz 21
Gefüllte
Mürbeteigtörtchen 100
Gefüllter Mandelstollen 11
Gefülltes Biskuit-Herz 135
Geschenkanhänger aus
Lebkuchenteig 150
Geschenkpäckchen 152
Gewogenes Wespennest 19
Gewürzkuchen,
Rheinischer 23
Gewürzlebzelten,
Leobener 85
Gewürzrauten 191
Gewürzspekulatius 90
Gewürzsterne 86
Gewürztaler 82
Gewürztorte
mit Stern 52
Gewundene Kränze 123
Glühweinkuchen 38
Grahamplätzchen 100
Gugelhupf,
Weihnachtlicher 12

Haferplätzchen 105
Haller Törtl 113
Haselnußrolle 25
Herzen am Band 140
Hietzinger Plätzchen 102
Holsteiner Pfeffernüsse 84
Honigkranz,
Gebackener 21
Honigkuchen, Englischer 9
Honigkuchen,
Italienischer 9
Honigkuchen mit Äpfeln 43
Honigkuchen
nach deutscher Art 8
Honig-Nußkuchen 33

Ingwerplätzchen 116
Ingwerzopf 178
Italienischer Honigkuchen 9

Julhan 116

Käsekuchen, Lindy's 128
Käsetörtchen 195
Kaiserbrot 21
Kastanientorte 51
Kipferl, Preßburger 86
Klaben, Bremer 38
Kletzenbrot, Tiroler 18
Knusperhäuschen 126
Knuspersterne 84
Kokosmakronen 112
Kokosstreifen 184
Kränze, Gewundene 123
Kronentorte 64
Küchle mit
Makronenhaube 102
Kurfruchtkuchen 28

Lebkuchenbild mit
Winterlandschaft 158
Lebkuchen, Braune 93
Lebkuchen-Musikanten 154
Lebkuchen,
Weiße Nürnberger 94
Lebzelten mit Zimmet 112
Lemoni-Zeltl 110
Leobener
Gewürzlebzelten 85
Lindy's Käsekuchen 128

Linzer Plätzchen	122	
Linzer Torte	196	
Lübecker Plätzchen	105	

Mailänderli 108
Makronentorte 61
Mandarinen-
  Nußtorte 173
Mandarinentorte 58
Mandelbällchen 95
Mandelkuchen mit
  Orangeat 43
Mandelkugeln 116
Mandellebkuchen 109
Mandelspekulatius 118
Mandelstangen 193
Mandelstollen, Gefüllter 11
Mandeltorte
  mit Äpfeln 173
Mann im Mond 136
Marzipan-Schokoladen-
  Torte 68
Marzipantaler 85
Mause-Eckerl 86
Mini-Kuchen mit
  Winterbild 129
Moccatorte, Wiener 59
Mohnstollen 44
Mousse-au-chocolat-
  Torte 72
Münchner Sterntorte 76
Mürbchen 90
Mürbeplätzchen 81
Mürbeteigplätzchen,
  Bunt verzierte 132
Mürbeteigtörtchen,
  Gefüllte 100

Napfkuchen mit ver-
  schiedenen Früchten 43
Nikolaus-Torte 157
Nikolaus und
  Engelchen 131
Nußecken 101
Nußherzen 190
Nuß-Sahne-Torte 63
Nußstollen 40
Nußtorte 70
Nußtorte,
  Weihnachtliche 62

Orangenberg 74
Orangenplätzchen 96
Orangentorte 68

Panettone 24
Panforte di Siena 14
Pfefferkuchen, Dänische 80
Pfeffernüsse, Holsteiner 84
Philadelphia-Torte 188
Pistazienkuchen 10
Pistazien-Torte 163
Plätzchen
  Florentiner Art 182
Preßburger Kipferl 86

Quarkstollen 27

Rahmbrezeln 181
Regenbogentorte 147
Rheinischer
  Christstollen 36
Rheinischer
  Gewürzkuchen 23
Riesenpraline 164
Rotwein-Birnentorte 174
Rumkränzchen 105

Sachertorte 176
Schachbrettkuchen 177
Schaukelpferde
  mit Wagen 160
Schmandplätzchen 90
Schneemann 163
Schokoherzen 198
Schokoladenbrot 19
Schokoladenkuchen
  mit Mokkacreme 32
Schokoladentorte 48
Schokoladentorte
  mit Engeln 52
Schwarz-Weiß-
  Plätzchen 194
Schwedisches
  Weihnachtsbrot 41
Schweizer Batzen 108
Sesamringe 178
Spitzbuben 117
Spritzgebäck 118
Sterntaler 157
Stollen, Dresdner 30

Tannenbaum 140
Tiroler Kletzenbrot 18
Torte im Quadrat 153
Trümpfchen 108

Vanillebrezeln 97
Vanillecreme-Torte 76
Vanillehäufchen 191
Vanillekipferl 122, 197
Vollkornstollen 31

Walnußschnitten 84
Walnußstangen 113
Weihnachtliche
  Biskuittorte 56
Weihnachtliche
  Nußtorte 62
Weihnachtlicher
  Gugelhupf 12
Weihnachtsbaum-Torte 139
Weihnachtsbrot,
  Schwedisches 41
Weihnachtsengel 143, 180
Weihnachtsherzen 120
Weihnachtskranz 176
Weihnachtskuchen,
  Dänische 80
Weihnachtsstollen 189
Weihnachtstorte 54
Weihnachtstorte
  „O Tannenbaum" 147
Weincremetorte 69
Weiße Nürnberger
  Lebkuchen 94
Wespennest, Gewogenes 19
Wiener Moccatorte 59

Zedernbrot 91
Zimmet-Ringlein 92
Zimtengel 199
Zimtkuchen
  nach alter Art 15
Zimtsterne 120
Zimt-Taler 198
Zimttorte, Festliche 70
Zitronenbrezeln 107
Zuckerkringel 118

QUELLENVERZEICHNIS

Wir danken folgenden Verlagen und
Rechteinhabern für die freundliche
Genehmigung zum Abdruck von
Rezepten und/oder Fotos:

Burda Syndication, München

Drugofa GmbH, Köln

Jahreszeiten-Verlag, Hamburg

Schwartauer Werke GmbH, Bad Schwartau

Union Deutsche Lebensmittelwerke GmbH,
Sanella-Versuchsküche, Hamburg